イギリスで お茶を

Where to enjoy afternoon tea trail

スコーン&
クロテッドクリーム&
アフタヌーンティー、
おいしい旅へ

主婦の友社

6年前にティーハウスの本を出したときと違い、現在のイギリスは好景気によって、今までにないグルメブームを迎え、そのころとお茶事情も大きく変わってきています。しかしイギリスで「お茶」といえば、のんびりすごすためのキーワードなのは、変わりがありません。よりよいティータイムを求めて、また旅に出てみました。

Contents

Where to enjoy afternoon tea trail

   Chapter 1 **The Cotswolds**…4

伝統あるホテルでのんびり、カリスマシェフに料理を習う…6
イギリス一美しい村のホテルにて…8
ロブのキッチンにてレッスン!?…12
*Recipe タラゴン&ラベンダー入りカスタードのストロベリー…15
Thatchers サッチャーズ…16
Badgers Hall バジャーズホール…20
THE DIAL HOUSE ダイアルハウス…22
*Column 1 オーガニック・ファームショップとファーマーズ・マーケット…24
*Column 2 ブルーベルを探しに…26

Chapter 2 Devon & Cornwall …28

酪農のふるさと、クロテッドクリームとティーハウスを訪ねて…30
10頭のジャージー牛から濃厚なミルクが…32
システマティック、でも最後は手作業…34
B&Bでもおいしいスコーンが…36
Cobblestones Restaurant&Café コブルストン レストラン&カフェ…38
*Recipe コブルストンのスコーン…41
The Corn Dolly ザ・コーンドーリー…42
Charlotte's Teahouse シャーロッツ・ティーハウス…44
THE TEA SHOP ザ・ティーショップ…46
Broadway House ブロードウェイハウス ジョージアンティールーム…48
*Column 1 英国初生産の茶園、トレゴスナン…50
*Column 2 イギリス人には欠かせない、お茶の友が作られている場所は…52

Chapter 3 Hereford …54

食の宝庫、カントリーサイドでイギリス家庭料理とスコーンを堪能…56
イギリス一おいしい！ メアリーのスコーン…58
*Recipe メアリーのスコーン…59
メアリーのおもてなし料理が続々と…62
メアリー友人宅でのディナー…66
The Orangery Restaurant オランジェリー・レストラン…68
The Old Merchant's House ジ・オールド・マーチャントハウス…70
*Column 1 イギリスのワイナリー、ブロードフィールドコート…72
*Column 2 「ティレル」のクリスプス工場を見学…76

Chapter 4 London …78

有名ホテルのアフタヌーンティーと新しいタイプのティーハウスへ…80
アフタヌーンティーが流行中!?…80
新しいタイプのティーハウスも出現…84
The SAVOY ザ サヴォイ…86
BROWN'S HOTEL ブラウンズ イングリッシュ・ティールーム…87
Claridge's クラリッジズ ザ・リーディングルーム…88
TEA PALACE ティーパレス…89
PAVILION TEA HOUSE パビリオン ティーハウス…90
Crumpet クランペット…91
*Column 1 生誕300周年のナショナルブランド、トワイニング…92
*Column 2 イギリス人が、ふつうにお茶を買うところといえば……94

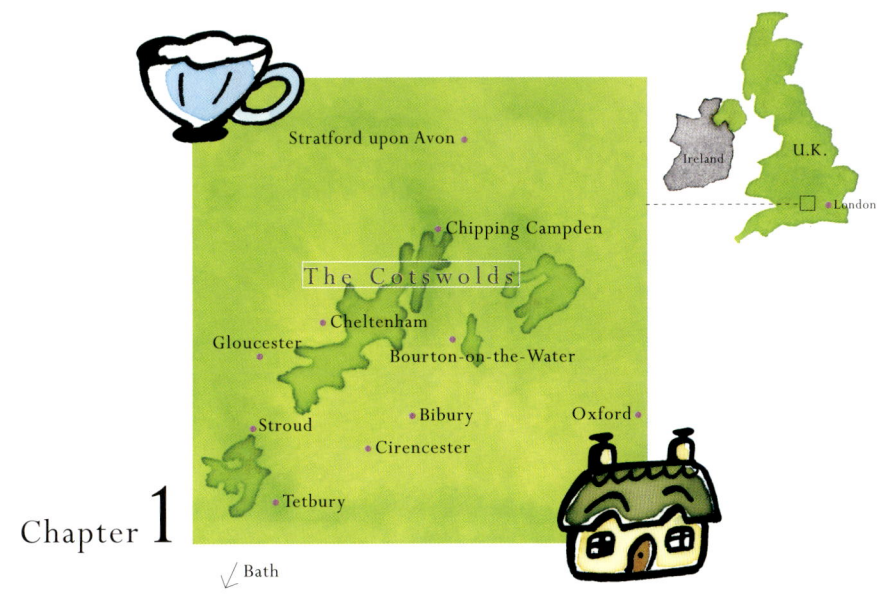

Chapter 1

The Cotswolds
コッツウォルズ地方

美しいカントリーサイドの代表格、コッツウォルズから
お茶をめぐる旅がスタート。
カントリーホテルでのアフタヌーンティーは、
すごす時間もゆるやかに流れるようです。

伝統あるホテルでのんびり
カリスマシェフに料理を習う

Chapter1 / The Cotswolds

私が最初に訪れたティーハウス、それはコッツウォルズにありました。それだからなのか、イギリスでティーというと、なぜかこのエリアが思い浮かびます。シェイクスピアのふるさと、ストラトフォード・アポン・エイヴォン、バースを含んだ三角形のエリア、この一帯を「コッツウォルズ」と呼びます。中世には羊毛で栄えた豊かな地方なので、羊がたくさんいるイメージがあります。現在は羊毛産業自体が化学繊維に押されて衰退してしまいましたが、かつて栄えたせいでしょうか？　とても洗練された田舎。この地に住むのが、多くのイギリス人の憧れでもあります。引退して住むか、あるいは家族で住んで、ダンナさまだけがロンドンへ通う、あるいは週末に帰ってくるという家庭も多いようです。また有名人の多くが、このエリアに別荘を持ったり、超高級ホテルに長期滞在する、なんていう話もよく聞きます。

　コッツウォルズのどこがそんなにいいのかというと、やはりこの美しい丘陵地帯が織りなす景色でしょう。中世のころから変わらぬ風景と建物。ロンドンでは最先端のトレンドをたのしみ、コッツウォルズではカントリーライフをたのしむ。私も数えきれないほど訪れていますが、けして飽きることがなく、また春の新緑や秋の紅葉など、めぐり来る季節の変化によっても、訪れるたのしみがあるエリアです。

17世紀に羊毛の機織り職人たちが住んでいたという家並みが、今でも残されている、バイブリーの「アーリントン・ロウ」。村の中心には清流コルン川が流れ、名物の鱒やあひるなどが泳いでいます。

The Cotswolds
Bibury Court Hotel

イギリス一美しい村のホテルにて

バイブリーコートホテルの正面入り口。建物は17世紀に、コッツウォルズ産のライムストーンを使って建てられたもの。伝統的ホテルによくあることですが、内部は迷路のように入り組んでいます。

　さて、今回の滞在先は「バイブリーコートホテル」。ヴィクトリア朝時代の芸術家ウイリアム・モリスが「イギリス一美しい村」とたたえたバイブリー村にあります。以前アフタヌーンティーに訪れたときにとてもよい雰囲気だったので、泊まってみたかったのです。今回は3連泊して、ゆったりとコッツウォルズをたのしむ予定。最近新経営者が加わったので、アフタヌーンティーの内容も変化しましたが、さらにグレードアップしたようです。イギリス人ツーリストや近所の方々でにぎわう外のお庭で、まずはアフタヌーンティーをいただきました。

　飲み物はブラックティー、グリーンティー、ハーブティー、コーヒーの計15種類から選ぶことができます。私がいただいたのは、ブラックティーの中から、「コッツウォルド・ティーカンパニー」という、ご夫婦おふたりでやっているローカル・カンパニーの今年のダージリン・ファーストフラッシュ。いわゆる一番茶です。どちらかというとアッサム系、ミルクティー派の私ですが、イギリスでファーストフラッシュを飲んだことがなかったので、選んでみました。さっぱりと軽やかなお味は、その日のやや夏のような日差しと合って、おいしくいただきました。新経営者のサムがいろいろなお茶を試飲して、選びに選んだ茶葉の数々。一番人気はやはり、トラディショナル・ブレックファストだとか。ここのはイングリッシュ・ブレックファストより濃いめのアイリッシュ・ブレックファスト。私は濃いミルクティーが好きなので、気に入りました。あとはイギリスではポピュラーだという、イラクサ科のハーブ、ネトルもおすすめ。

　アフタヌーンティーのセットは、こちらで「バイブリーティー」という名の、サンドイッチやスコーン、ケーキ、ショートブレッドなどのメニューで、午前10時からいただくことができます。フルとハーフの2種類があり、ティーケーキ以外はすべて手作り。ジャムもテュークスベリー産のローカルのものを使っているそうです。

バイブリーコートホテルの庭で、アフタヌーンティーを。サンドイッチに使われているスモークサーモンは、「ハロッズ」にも卸しているものだとか。手前がフル、奥がハーフのセットです。

The Cotswolds

バイブリーコート ホテル
Bibury Court Hotel

Bibury, Cirencester,
Gloucestershire GL7 5NT
Tel: 01285 740337
www.biburycourt.com

❶ フル・イングリッシュ・ブレックファストには、ソーセージや卵など、ローカルな食材が使われています。
❷ エントランス脇にある、朝食をいただく小部屋は、狭いけれど、なぜかコージー。
❸ アフタヌーンティーやビールも楽しむことができる、ドローイング・ルーム。
❹ 新しく経営に加わった、サムです。彼の熱意とサービスで、居心地のよい空間がホテルのいたるところに。
❺ 裏庭へと続く小道。川があり、ピクニックやウォーキングができます。
❻ 天蓋つきのスイート。バイブリーでロケを行った有名映画監督が、数日前までこの部屋に滞在していたそうです。

　宿泊してみて思ったバイブリーコートホテルのよさは、いい意味での「ヌケ感」にあると思います。たとえば、入り口の左手に置かれたテーブルといす。エントランス近くなのに、ほとんど人が通らないので、窓からのすばらしい景色を見ながら、のんびりとすごすことができます。あるいは、以前アフタヌーンティーをいただいた、ドローイング・ルーム。私はあまり構われるのが好きでないので、客室以外でひとり、ぼーっとできる空間を探し、ホテルをうろつくことがあります。広くても、従業員がわさわさしていて落ち着けない、なぜかコージーな空間がない、なんてところもよくあります。ここはサムががんばって、ひとりで何人分もの働きをしているせいでしょうか？　スタッフが少なく静かなのに、サービスがよいのです。

　またホテルによっては「どうだ、ここまでやってやってるぞ！」という押しつけがましいサービスや、慇懃(いんぎん)無礼なところも少なくありません。そうしたものがなく、どちらかというとアットホームで、ウロウロしていても適当にほっといてくれるのがよかったです。このホテルが完璧とはいいませんが、ほどがよいと思いました。

　そして大切なのが、ごはん。このホテルに泊まったら、ぜひディナーを食べてみてください。アイルランド人のシェフによる、ローカルな素材を使った、繊細でありながらも素朴なところが残された、あっさり味の3コースは、お値段が安いのにとても充実した内容です。またソムリエの資格を持つサムが、世界各国から集めたワインも意外にリーズナブル。ぜひサムのおすすめを聞いて、トライしてみてください。あ、もちろん朝食もおいしいです。ヨーグルト、それにスモークされたキッパー（にしん）はぜひぜひ！

The Cotswolds
Rob Rees

ロブのキッチンにてレッスン!?

1 手摘みのストロベリーとラベンダー。イギリスのいちごは、日本のものより野性味が強いのか、かたくすっぱい。
2 本日お料理していただく材料たち。今が旬のアスパラガスはもちろんのこと、イギリスではとてもポピュラーなフェンネル（中央）は、ロンドンに住んで初めて食べた野菜です。独特の香りで、サラダやスープなどにも。
3 ロブ・リース氏と、彼のキッチン。白いタオルがかかっているのが、ご自慢のオーブン。引き出しの中にはなべやキッチンツールが、ぎっしりと入っていました。

「奥コッツウォルズ」とでも名づけたほうがいいようなストラウドの奥の奥に、ロブの家はありました。なんでもコッツウォルズを知れば知るほど、南側、それも奥に住みたいと思うそうです。たしかにコッツのよさは小さな村にあります。有名な村々は観光客が多すぎるので、住んでいると落ち着かないかもしれません。

とても細い林の中の道を40分ほど進むと、すっと視界が開け、ロブの新しい家がありました。ライムストーンでできた、コテージ風です。玄関から入るとすぐに、オープンキッチンという、シェフならではの家です。

ロブ、なんて気安く呼んでいますが、彼ロバート・リース氏は、エリザベス女王から勲章をもらったこともあるという、カリスマシェフ。別名「コッツウォルド・シェフ」といい、コッツのローカルな食材を使って、素材のよさをいかした料理を作る料理人。数々の有名レストランのシェフを経て、現在ではケータリングや教室、料理のデモンストレーションなどを行う、食のアーティストです。今日はこのロブのキッチンで、コッツウォルズの春らしい、軽いランチを作ってもらいました。メニューは、「エイのフライ」「メレンゲ＆ストロベリー」。ストロベリーは5月のちょうど盛りのときで、いちばんおいしい時季。

最初は彼に料理を習うつもりで来ていたんですが、あまりにも手際がよすぎて、目もメモも追いつかないすばやさ。写真を撮りながら、話を聞くのがやっと。あっという間にできあがって、たのしい味見の時間に。素材をいかして、なるべく調味料を使いすぎないのがロブ流。しかしプロの技がきっちりといかされています。エイのフライは煮野菜をベースに、オリーブオイルでからりと焼いたフライをのせ、2種類のソースをかけた上に、サラダをのせたもの。レストランでリーブされる一品を目の前で作ってもらった、そんな感じです。デザートだったら、私にでも作れそう。でも食べてみると、プロの味。レッスンを受けたというより、もっぱら「おいしい！」ばかりで、終わってしまいましたが……。

エイのフライ
ハーブサラダ添え
Grilled Skate Wing, Abbey Farm Vegetables and Garden Herb

米南部料理によく使われるケイジャンスパイスを隠し味に使って、オリーブオイルで焼いたエイに、ゆでたさやいんげんやアスパラガスと、生のフェンネルやサンドライトマトをしき、水菜などのサラダをトッピングします。ソースはアップルジュースにバターと生クリームを加えて煮詰めたものと、ローカル・ハニーとバルサミコを合わせた、2種類。味のアクセントは、エイを焼いたフライパンでレッドオニオンをいため、赤ワインと松の実を入れたものです。

 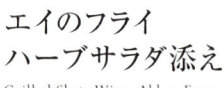 ロブ・リース

Rob Rees
Osbourne Cottage, Far Oakridge, Stroud,
Gloucestershire GL6 7PF
Tel : 01285 760170
www.thecotswoldchef.com

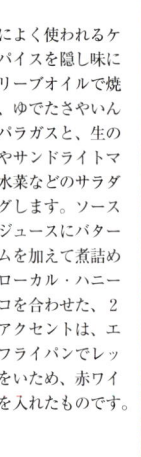

Recipe

タラゴン＆ラベンダー入り カスタードのストロベリー
Wild Strawberries in English Tarragon and Lavender Custard

材料（2人分）
できたら手摘みの
野生のストロベリー…1箱
卵…2個
卵の黄身…3個分
グラニュー糖…50g
はちみつ…大さじ1
生クリーム…275ml
バニラビーンズ…1個
シナモンスティック…1本
タラゴン…小さじ1
ラベンダー…25g
メレンゲ（市販品）…2個

作り方
1 ストロベリーは洗ってへたをとり、半分に切る。
2 ボウルに卵、卵黄、グラニュー糖、はちみつを入れ、まぜておく。
3 生クリーム、バニラビーンズ、シナモンスティック、タラゴン、ラベンダーを半分、なべに入れ、火にかける。
4 沸騰したら火からおろし、2を入れてよくまぜ、また火にかける。
5 弱火で、とろっとするまでまぜ続ける。火を通しすぎてスクランブルエッグのようにならないように注意！
6 5に1を入れてさっと煮る。
7 メレンゲを皿の中央に置き、その上からストロベリーの入ったカスタードソースをかける。好みでメレンゲの上に、アイスクリームをのせても。残りのラベンダーをトッピングに。
注＊メレンゲはイギリスでよく食べられる、卵白を使った焼き菓子。食料品店やスーパーマーケットなどでよく売っています。日本でもし手に入らなかったら、アイスクリームやヨーグルト、あるいはアップルパイなど、素朴な焼き菓子にストロベリーのソースを合わせても。

ビーンズをさやからはずし

生クリームの中に入れます

ストロベリーを煮すぎないこと

先に盛りつけ、最後にソースを

The Cotswolds

Tea Rooms Collection

Thatchers

サッチャーズ
働き者な野心家、ニコラスに期待を

　このティーハウスに来ようと思ったのは、「サッチャーズ」という名前に惹かれて。サッチとはかやぶき屋根のことなので、そうしたかわいらしいかやぶき屋根のティーハウスをイメージしていました。ところが、チェルトナムは18世紀のリージェンシースタイルの建物が立ち並ぶ、大都会。なんでも同じコッツにあるバースのように温泉がわき、その当時は貴族たちの社交場として栄えた町だそうです。今でもイギリスや海外の高級ブランドショップが立ち並ぶ、とてもハイクオリティなエリア。

　その町の片隅にある小さなティーハウスは2年前にオープンしたそうですが、平日だというのに、お客さんが次々に入ってきて満員状態が続き、閉店後にやっとオーナーのニコラスさんに、お話を伺うことができました。

　「ケータリングの学校やホテル、レストランで働いて、初めて自分で飲食のビジネスをしようと思ったとき、基本的な食材で良質なものを、と考えたらティーハウスになった。それにここは以前ティーハウスだったから、がらっとほかの店に変えるのはよくないし。常連さんがいたから。お客さんは、ローカルの人たちがほとんど。12月や1月は、ツーリストがほとんどいない」

　おすすめだというオムレツやスコーンをいただいてみました。この物価が高いイギリスで驚くほど安く、そしておいしい。材料などの仕入れ先も、メニューに詳しく明記されています。

1階は大混雑していたので、2階スペースに案内されました。お客さんは、ニコラスおすすめのオムレツや、本日のランチ「ローストチキン・ローストポテト添え」を食べている人が多かったようです。

コッツウォルズのクロテッドクリームと近隣に住むウエンディさんが作ったストロベリージャムが添えられている、スコーンとティーのセット、「クリームティー」。シンプルにおいしい一品です。

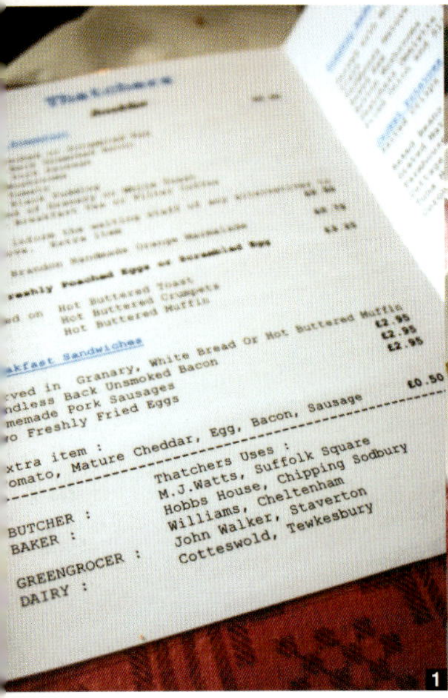

どうしてこんなに安くできるのか聞いてみたら、「経営の勉強も学校でしたから。それに仕入れも気をつけている。必要な分だけ注文したり。もしこの店が成功したら、2軒目をコッツウォルズのどこかに出したいね。狙っているところはあるんだけど」

　今まで私は、ティーハウスというのは家族経営でのんびりと、あまりビジネスを考えずにやっているところがほとんどなのかな〜、とのんきに考えていました。今でもそうしたところもあるでしょう。けれど経営者が老齢化したために、つぶれていった店も知っています。ニコラスのような人がティーハウス経営に乗り出す、というのは新しい風がティーハウス業界（？）に起こり、これからもおいしくていいティーハウスをたのしめる！　と、うれしくなりました。

　スコーンは早朝から焼き始め、その日の分が売りきれたら終わり。これは良心的な店の証拠。彼の2軒目、いや3軒目にも期待したいところです。

Data
101 Montpellier Street, Cheltenham GL50 1RS
Tel:01242 584150
月曜〜土曜9:00-17:00　日曜11:00-17:00
www.thatcherscheltenham.co.uk

1 メニューの下欄には、「肉屋さんはサフォーク・スクエアのM.J.ワッツ、青果はジョン・ウォーカーから」など、食材がどこのものかが明記されています。
2 「イングリッシュ・ブルー」といわれるファームハウスのスティルトン・チーズがたっぷり使われたジャケット・ポテト。トッピングはチーズ以外にも、いろいろあります。イギリスではランチなどに、とてもポピュラーなメニュー。イギリスに来たら、必ず一度は食べたい味。
3 オーナー兼シェフのニコラス・ゲイさん。お忙しいところ、いろいろお話をしてくれました。
4 「ティーケーキ」という名前ですが、薄いぶどうパンのバターたっぷりトースト。奥のは似ているけど、マフィン。
5 チェルトナムの町。コッツウォルズ産の貴重な石、ライムストーンが使われた建物が多く、美しい街並みでした。

The Cotswolds

Tea Rooms Collection

Badgers Hall

バジャーズホール
16世紀の趣ある建物に

1 マーケットホールの隣にある一角。イギリスでは日が差してくると、どこからともなく人が現れ、思い思いにひなたぼっこをしています。
2 中央の白いクロスがかかっているテーブルには、本日のケーキがディスプレイされています。手前の白っぽいのは、チョコレートケーキ。スコーンは、プレーンとチェリー＆レーズンの2種類があります。
3 あつあつのコテージ・パイ。ひき肉とグレイビーなどをまぜ合わせて、パイ皮のかわりにマッシュポテトがのったものです。そのほかにスープもおいしかった。
4 このお店オリジナルのパースニップ（白にんじん）のケーキ。キャロットケーキから思いついたとか。ケーキはなくなり次第、次を焼くので、何があるかは、そのときのおたのしみ。

羊毛産業が盛んだったころ、コッツウォルズのおもだった町では、よくマーケット（定期市）が開かれていました。その場所がマーケットホールとして、羊毛産業がすたれた現在でも残されています。チッピングカムデンにもマーケットホールが町の中心にあり、その近くに「バジャーズホール」もあります。1500年代後期の建物のため、入り口部分や壁などがちょっとへしゃげてきていますが、イギリス人に言わせると「ビューティフル」、日本人の私は趣だな〜、イギリスだな〜、と考えます。

室内の中央にはその日のケーキがずらりと並んでいます。10種類以上あるでしょうか。私はめずらしい「パースニップ・ケーキ」を選びました。ランチメニューもあり、コテージパイや野菜のスープとパンなど、ホームメイドなおいしいイングリッシュ・メニューがたのしめます。

Data
High Street, Chipping Campden, Gloucestershire GL55 6HB
Tel: 01386 840839　10:30-16:30　火曜休
www.badgershall.com

The Cotswolds

Tea Rooms Collection

THE DIAL HOUSE

ダイアルハウス
予約制だが、その価値あり

　コッツの中でもひときわかわいらしい村、バートン・オン・ザ・ウォーター。村の中心を川が流れ、それをはさんで建物が立ち並んでいます。その中でもかなり目立つ場所に、「ダイアルハウス」があります。けれど何度も来たことがあるのに、この建物にまったく気がつきませんでした。というのも、ここはティーハウスではなくて、ホテル。この地で宿泊を考えたことがなかったので、眼中に入らなかったのでしょう。そしてアフタヌーンティーは予約制。その理由は、この地でアフタヌーンティーをやると、忙しくなりすぎてしまうからだそうです。たしかに私たちがティータイムをたのしんでいるとき、予約制を知らぬお客さんが何組も来ては断られていました。なんだか、申し訳ない気分。けれど私たちのためだけに作られたお菓子たちは、見事にディスプレイされていました。奥様のお手製ということでしたが、とても素人とは思えない！
　それもそのはず、奥様はロンドンの有名レストランで修業されたそうです。私の好きな、外はさくっと、中はもっちりというスコーンもすばらしいことながら、メレンゲが!!　ひとつではすまない、あとひとつ、いやもうひとつ……というお味でした。食べ口がさくさくと軽く、そして口に入れると中がねっちり、しかしすぐに溶けてしまうぅ〜。このほかにも、チョコとチェリーのカップケーキやレモネード（これは強烈に甘かった！）などが用意されていました。宿泊もできるので、今度は泊まってみたいな、とも思いました。こんなよい場所がまだまだあるところが、コッツ、あなどれないっ……んですね〜。恐るべし、です。ぜひ予約して行ってみてください。ちなみにご主人は日本で暮らしたことがあるので、ちょっと日本語ができますよ。

1 夏の飲み物として、とてもポピュラーなレモネード。とてつもなく甘かった……。
2 春だけどちょっと寒い日だったので、暖炉に火を入れてくれました。お茶はやや濃いめで私好み。
3 すばらしくおいしかったメレンゲ。ブルーベリーや、ラズベリーがトッピングされています。聞いたところによれば、このように外をカリッと、しかしふれたらすぐに壊れてしまうほど繊細に、中は少しネチッと焼くのには、かなり技術を要するとのこと。
4 こぢんまりとしたかわいいホテルです。宿泊はひと部屋110ポンドから。アフタヌーンティー・セットは各種あり、ひとり10.5ポンドからです。

Data
The Chestnuts, High Street, Bourton-on-the-Water,
Gloucestershire GL54 2AN
Tel:01451 822244
www.dialhousehotel.com

1 5月が旬のアスパラガス。「春が来た！」と、レストランでも一斉に、メニューに登場します。
2 マーケットでは食材だけでなく、花、苗、種、いろいろなものが並んでいました。
3 「どれでも好きなものを選んで」と大小、赤黄のさまざまなトマト。
4 バスケットのかわりに、オリジナルバッグが売られています。
5 バゲットやチーズやマスタードなど。この場ですぐにサンドイッチができますね〜。
6 いかにも手作りな形のチーズ。イギリスでは濃いミルクがとれるので、おいしいチーズがたくさんあります。
7 イギリスの駄菓子、フラップスジャックスでしょうか？イギリス人のいるところ、スウィーツがどこにでも登場します。

Column-1   The Cotswolds

オーガニック・ファームショップと
ファーマーズ・マーケット

1 カフェスペース。夕方だったせいか、だれもいませんでした。
2 エントランス。本日のおすすめなどが、黒板に書かれています。
3 オーガニックのスープキューブ。私は各種ひとつずつ買ったら、全部で12種類もありました。
4 キャベツやじゃがいもなど、ここの畑で作られた野菜たちが売られています。

オーガニック・ファームショップ
The Organic Farm Shop
Abbey Home Farm, Burford Road,
Cirencester, Gloucestershire GL7 5HF
Tel:01285 640441　　火曜&水曜9:00-17:00
木曜&金曜9:00-18:30　土曜9:00-16:00　日曜&月曜休
www.theorganicfarmshop.co.uk

ストラウド・ファーマーズ・マーケット
STROUD FARMERS' MARKET
Tel: 01453 758260　土曜9:00-14:00　不定休
www.foodlinks.info/markets/stroud.php

ここ数年、イギリスではオーガニック・ブームのためか、ファームショップが流行しています。スーパーマーケットよりは高めですが、新鮮な野菜や卵、乳製品が手に入るということで、週末などは大混雑しているとか。私もイギリスの友人たちと、いくつか行ったことがあります。

ロブに「今日の材料はどこで買ったの？」と聞いたところ、「近所のファームショップで手に入るよ」とのこと。さっそく訪ねてみた「THE ORGANIC FARM SHOP」は、このあたりでは中規模クラスだそうです。ファームショップもいろいろで、とても都会的というのか、ディスプレイなどがロンドンのセレクトショップ？　と間違うようなところもありますが、ここはロッジ風ののんびりした雰囲気。カフェスペースなども広くあり、お値段のほうも、そんなに高くない様子。もし私がキッチンつきのホテルに泊まっていたら、こういうところで食材を買って、自分で料理するのも悪くない、そうしたらあれとこれを買って……。などと妄想が次々に浮かぶほど、イギリスにしかない新鮮な食材たちがいっぱい！　ほかにもオーガニックのスープキューブやソース類、小麦粉の種類も豊富なので、ついついあれこれ買いこみました。

ロブがデモンストレーションをやっているという、ストラウドのファーマーズ・マーケットへも行ってみました。あいにくその日、ロブはいませんでしたが、今が盛りのアスパラガスの大束、卵の山、チーズの塊、おいしそうなソーセージたちが露店に並んでいました。簡単な紙袋に入れてくれるだけなので、買い物客は手に手にマイ・バスケットを持っています。それが少しずつ形が違っていて、なんともかわいらしい。そういえば私の子供のころは、買い物カゴを持って八百屋さんに行ってたな〜。

私のようにマイ・バスケットがない人は、オリジナルのショッピングバッグをここで買うこともできます。このあとランチに入った近くのカフェでは、バスケットとこのバッグたちが、床にずらずらっと置かれていて、なんだかうれしくなってしまいました。過剰包装が好きでないこともあるけど、こうした、たとえばアスパラガスが、カゴからちょこっと頭を出している、そんな光景が大好きなのです。私もできたらここに住んで、マイ・バスケットを手に入れて……。そんな気にさせられました。

チッピングカムデンのシープ・ストリートには、こうしたわらぶき屋根とライムストーンを使った家が、まだ残されている一角があります。

Column-2   The Cotswolds

ウエストンバート・
ナショナル・アーボリータム
WESTONBIRT - THE NATIONAL ARBORETUM

Tetbury, Gloucestershire
GL8 8QS
Tel:01666 880220
10:00〜日没、または20:00の
早いほう　無休
www.forestry.gov.uk/
westonbirt

ブルーベルを探しに

　そういえば去年も5月のこの時季にコッツウォルズを訪れ、そのとき案内してくれた地元のタクシー運転手、ミックが、ブルーベルが咲いているところへ案内してくれたのでした。
「ちょうどいい時季に来た。毎日通る道なんだけど、きのう通りかかったら満開になってた」
　と、そのすぐ近所に住んでいるというミックの秘密の場所？　こっそりと柵を越えて、林のような大木と大木の間に行くと、ひっそりと、しかし大量に咲いていました。ヒガンバナ科の植物で、イギリスを代表する春の花なのですが、咲いている期間が短いので、生の花を見たことがない人も多いとか。最近は、スペイン産も繁殖しているようです。

　今年もちょうどシーズンにあたったようで、通りかかると道端に少し咲いています。コッツウォルズ観光局のクリスに、「ブルーベルがいっぱい咲いているところに連れていってほしい」とお願いしたら、「ウエストンバート」という国立公園へ連れていってくれました。ここは春は桜、秋はかえでの紅葉などで有名な公園で、その時季になると、1日10万人もの人が訪れるとか。とてつもなく広い森林ともいえるような公園の中、ブルーベルの群生地帯が。こんなにたくさん咲いているのは、見たことがありません。クリスも、
「今日がいちばんいい。明日だったら枯れていたかも」
　と言う、ちょうどいちばんの見ごろに来たようです。よく見ると、濃いのと薄いのと、2種類あります。とにかく夢中で写真を撮りました。

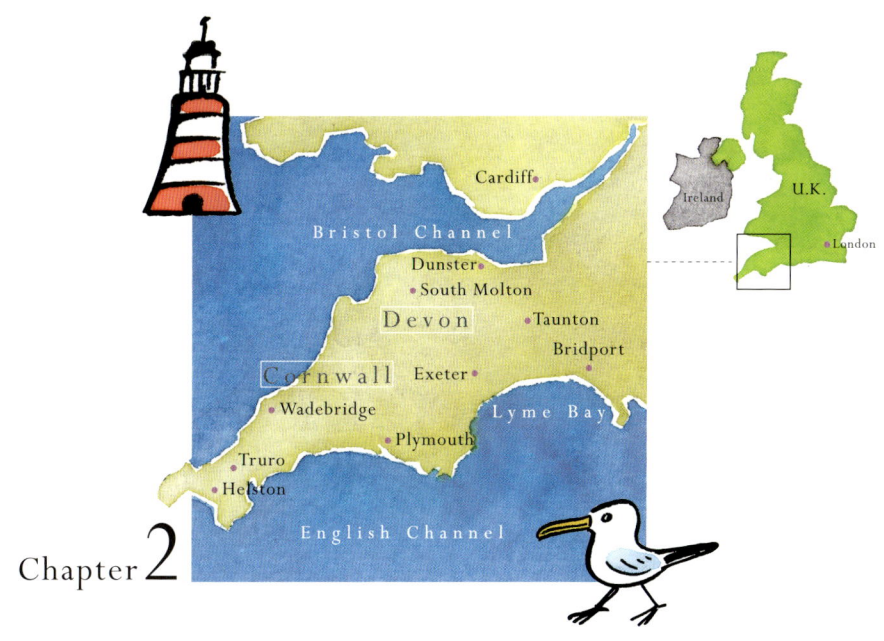

Chapter 2

Devon & Cornwall

デヴォン&コンウォール

アフタヌーンティーに欠かせない

クロテッドクリームのおいしさの秘密を探しに

バースからさらに西南へ向かった先のデヴォン&コンウォールへ。

海岸沿いの風景が、イギリスの別な魅力を見せてくれます。

酪農のふるさと、
クロテッドクリームとティーハウスを訪ねて

Chapter 2 / Devon & Cornwall

イギリスの南西部は、酪農地帯として有名なところ。以前このあたりのティーハウスを訪れたらすばらしく、帰国後に調べてみると、ほかにもよさげな店が山のようにありました。ティーハウス天国ともいえるエリアなのですが、ロンドンからやや遠く、いつかゆっくり再訪してみたいな〜、と思っていました。

それにデヴォンのティーハウスで、スコーンについてきたクロテッドクリームがあまりにもおいしいので聞いてみたら、

「このクリームはおばあさんが家の台所で、うちのためだけに作ってい

クロテッドクリームは、14世紀ごろにデヴォンシャーの僧院で作られ、表面のひび割れからその名がついたとか。生クリームよりもかたく、バターのような色あいですが、さらりとした口どけと濃厚なミルクの味わいが特徴です。

1 コンウォールは半島になっていて、その突端は白く険しいがけが目立ちます。
2 ザ・ティーショップ。ほんとうに小さな店です。
3 ホテル近くの村、セント・アグネスのベイカリーのパンやスコーン。手前の半月状のものは「コーニッシュ・パースティ」。昔鉱山に勤めていた人たちのお弁当でした。コンウォール名物。
4 セント・アグネスの町にある、食料品店のディスプレイ。見たことのないクリスプスがありました。

るの。よかったら会えるように、電話してあげましょうか」。

喜んでお願いしたのですが、あいにくおばあさんはお留守。そのときに簡単にクロテッドクリームの作り方を聞いたら、牛乳を煮詰めて作る？クリームに火が通ってる？　どんなことなのか、よくわかりませんでした。

それ以来いつか、クロテッドクリームが作られているところへ行ってみたいと思っていたのです。そしてかねてからの謎、クロテッドクリームとデヴォンシャークリーム、コーニッシュクリームは同じ？　違うならどのように違うのかを解明することと、よいティーハウスをみつけるために、この一帯を訪ねることにしました。さらに英国初生産の紅茶、トレゴスナンとドーセットのビスケット工場見学というおまけつきです。

Devon & Cornwall
Dairy Farms

10頭のジャージー牛から濃厚なミルクが

　まずはコーニッシュクリームを探しに、コンウォールへ。イギリスの最南端、温暖な気候と明るい日差しで、夏のホリデーシーズンになると、どこの宿もいっぱいになってしまうほど、人気の高い避暑地です。また昨今では、食材に恵まれたこの土地が注目されており、有名レストランが続々登場したり、ローカルな食の専門誌が出版されたりしています。

　さて、私が訪ねた「ペングーン・ファーム」は、ヘルストンという町のはずれにありました。けっこう迷ってたどり着いたら、オーナーのジムさんが、ちょうど表に出てきたところ。この牧場にはジャージー牛という、濃厚なミルクを出す牛が10頭ほどいるそうです。牛は1頭ずつ名前がついていて、それぞれ見分けがつくとのこと。彼はこの地で、20年以上クリーム作りをしています。とっても小規模な、家族経営の農場です。

　まずは、クリームのもととなるミルクから。乳しぼり担当は、息子のマイクさん。搾乳室にてしぼったものをパイプを通して隣の部屋に運び、そこですぐに牛乳やクリームにします。ここのはアンパスチャライズド（未殺菌）ミルクで、これを販売するにはライセンスが必要だそうです。一般的にホールミルクともいわれ、これを遠心分離機に入れて乳脂肪をとり、セミスキムド、スキムドといった、イギリスでは一般的な3種類のミルクを作ります。

　クロテッドクリームは、しぼりたてのホールミルクをそのまま4〜5時間ほど75度で湯煎にかけ、ひと晩冷蔵庫でねかして作ります。できあがったものは、3層に分かれており、「クラスト」といういちばん上の黄色い層は、ジャクジャクと独特の舌ざわりがあります。2層目がふつうの濃さ、3層目がいちばん濃くて、これを満遍なくカップに入れて、製品化します。

　「クロテッドといえば、このクラストが特徴だからね。好きな人が多いから、均等に入れないと」

　と、ジム。ドイツやスコットランドにも郵送しているというここのクリームは、冷蔵庫で1週間くらい、常温で2〜3日はもつそうです。煮詰めてあるせいか、けっこう日もちがします。イギリスにはこのクロテッドクリーム以外にも、シングル、ダブルというクリームの種類がありますが、スコーンにクリームといえば、クロテッドなのです。

1 ジムに言わせるとジャージー牛の顔は、長めで目が横についているのと、丸顔で目が寄っているのと2タイプあるとか。いずれにしても、近くで見ると意外にかわいい。
2 ペングーン・ファームで作られた、クロテッドクリーム。
3 ジムです。カップにできたてのクロテッドクリームを入れています。
4 できたてのクロテッドクリーム。このファームは黄色いクラストが多め。濃厚なのに、さっぱりしたあと味でした。
5 息子のマイクが、搾乳が終わった牛たちを建物の裏にある牧場へと戻します。牛たちは帰り道をおぼえているらしく、ちょっと声をかけたらさっさと戻っていく姿がおもしろかったです。

ペングーン・ファーム
PENGOON FARM
www.pengoon.co.uk

Devon & Cornwall
Dairy Farms

1 ウエストヒル・ファームのミルクはオーガニックで、低温殺菌して作られています。
2 オーナーのクリス。クリームの製造工程を熱く語ってくれました。
3 とても広い牧場。
4 工場の脇にある直営販売所。無人で、だれでも買うことができます。

※**日本でクロテッドクリームを作ってみたら**
　現在では日本のスーパーマーケットなどでも手に入るクロテッドクリームですが、日本在住のイギリス人に作り方を教わって、作ってみました。できるだけ高濃度の生クリームを手に入れ、湯煎にかけて2時間。室温にさましたら冷蔵庫でひと晩ねかせ、上の固まった部分だけをとり出します。乳脂肪47%のクリーム200mlで、約50gのクロテッドクリームができました。お味もなかなかです。

ウエストヒル・ファーム
WEST HILL FARM
www.westhillfarm.org

　ジムにデヴォンシャークリームとの違いをたずねてみると、
「草も土も牛も、牧場によって違うからね。このへんは土や草がいいので、濃い牛乳がとれるから、デヴォンより濃いクリームができる」。
　海の近くの牧草って、潮風が草に塩分をつけるので、牛の食欲が増すって聞いたことがあるんですが？
「それもあるかもしれない。うちのやり方は、コンウォールの夫婦に教わったんだ。そろそろクリーム作りも、息子のマイクに譲らないと」
　いかにも牧場の親父らしく、いい味出しているジムの引退はさびしいですが、72歳でよくこんなに詳しい説明が突然、スラスラと出てくるものです。まだまだ引退しないような？
　帰りはクロテッドクリームをおみやげにいただいて車に乗り込むと、「ミルクもあげるよ！」と、かかえきれないほどたくさんのミルクを持って、追いかけてきました。お客さんはインターネットを見た人、近所の人、夏のホリデーでやってくるツーリストがほとんどだとか。
　セント・アグネスのベイカリーでパンやスコーンなどを買い、このクリームを食べてみました。クラスト部分が油っぽくなく、全体的にさっぱりしていて、ほのかに草のにおいがするところが気に入りました。

システマティック、でも最後は手作業

　こぢんまりとしたペングーン・ファームにくらべると、すべてシステム化した酪農工場という感じの「ウエストヒル・ファーム」は、デヴォンの大都市エクセターから、かなり離れた西デヴォンにありました。ここにはハーフ・フリージアンという乳牛が、110頭いるそうです。工場の隣でしぼったミルクをすぐにクリームや牛乳にするのは同じですが、違う製品を作るたびに機械をすべて消毒。衛生管理の完璧さに、ちょっと驚きました。
　そしてクロテッドクリーム作りは、最初からカップに直接ミルクが入れられ、専用のオーブンでベイキングします。温度はペングーン・ファームと同じ75度で1時間半から2時間くらい。このファームでは牛乳、クリーム各種（クロテッド、ダブル、シングル）を作っています。イギリスのミルクはとても濃いので、いちばんあっさりしたシングルで乳脂肪が38〜41%、ダブルで49〜55%あります。
　オーナーのクリスにクロテッドクリーム、コーニッシュクリーム、デ

ヴォンシャークリームの違いを聞いてみると、
「エリアの名前がついているだけで、そう違いはないよ。だって同じエリアでも生産者が違うと、作り方や味が違う。違うことが大切だしね」
　ペングーン・ファームのジムと、ちょっと同じ答えが返ってきました。
　そんなことよりも、とクリスは私にダブルクリームを使ったチョコレートクリームの作り方も見せてくれました。これはチャールズ皇太子から賞をもらったことがあるほど、美味で有名だそうです。たしかに味見させてもらったら、ものすごく濃厚でコクがあるけどそんなに甘くないので、パンなどにたっぷりつけて食べたら、さぞやおいしいことでしょう。一度に24個買っていった女の子もいたとか。クリスのおすすめの食べ方はホットミルクに入れて、それとオーツ麦のビスケットにジャムとクロテッドクリームをのせたものを一緒に食べるのが、最高だそうです。
　ウエストヒル・ファームでおもしろかったのは、ティーショップにたのまれて特別に作っているという「クラスティ・クリーム」。上の黄色い部分を多く作ります。
　クリーム作りは、季節によって草の質が違うのでミルクも違い、作り方も違ってくるから、いかに機械化しても、最後は手作業にこだわっているそうです。
「ロンドンで売らないか？　という話もよくあるけど、ガソリンを使って経費をかけて運んでも、味が落ちるだけだし、大量生産できないしね。それに、このへんの人たちに食べてもらいたいんだ。近くで作られたものを、近くの人たちで食べるというのが、食べ物の基本じゃない？」
　たしかに今、イギリスではそうした運動がさかんになっています。この周辺でも「なるべくローカルなものを使おう」という組合があり、そこに所属すると、いろいろな農家や製品を紹介してくれるそうです。
　さて私のクリーム探しの旅は、「エリアによる名前の違いよりも、製造者による違いのほうが大きい」という結果でした。そしてクロテッドクリームという名称は、以前は南西部産クリームだけにその名がついていたのですが、現在では国内で広く使われているそうです。だから今では、クロテッド＝デヴォンシャー＝コーニッシュクリームということに。ただ私としては、コーニッシュは濃厚、デヴォンシャーはもう少しさっぱりでスコーン向き、という以前からの印象が強くなりました。しかしいずれも作りたてのフレッシュなものは、ロンドンでは味わえない、とびきりのおいしさでした。

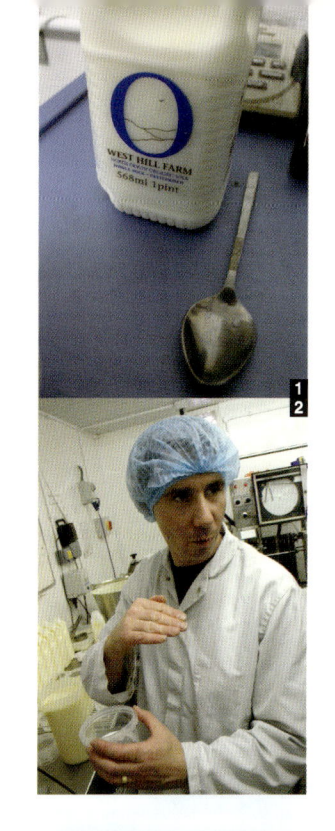

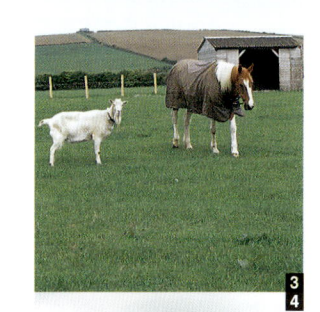

Devon & Cornwall
B&B

B&Bでもおいしいスコーンが

　イギリスのカントリーサイドではベッド＆ブレックファスト、通称B&Bという朝食つきの民宿が安くて、便利でおすすめです。今回はコンウォールのセント・タディにて、内装のとてもかわいらしいお宅に1泊と、「コブルストン」というティーハウスのある、サマセットのダンスター村近くで1泊しました。とくにこの「コニガーハウス」では、私たちの到着に合わせて、スコーンとケーキを焼いてくださっていました。今までのスコーンとはちょっと違って、外側がとてもクリスピーなタイプ。バターミルクを使うのがコツだとかで、お料理上手な奥様にお願いして、キッチンまで見せていただきました。

1 ナショナルトラストが管理している公園。車は進入禁止、「COAST PATH」という海岸線の散歩道を歩きました。
2 コンウォールのホテルの夕食、前菜のえび。小ぶりなのに、味が濃い。
3 おみやげ屋さんで、コーニッシュウエアが売られていました。
4、5、8、9 内装のかわいらしいセント・タディのB&B、オールド・レクトリーの建物や寝室、リビングルームなど。
6 コンウォールのホテルの客室にあった、コーニッシュウエアのセット。
7 コニガーハウスで焼いてもらったスコーン。
10 B&Bオーナーの趣味によって、いろいろ飾られています。これはバスルーム。

　コンウォールの海岸線近くでは、セント・アグネスという小さな町にあるホテルにも泊まりました。すでにホリデーシーズンの始まりで、B&Bが空いていなかったから期待していなかったのですが、ここのホテルが意外によかったです。お部屋はちょっと狭く、バスルームなどはやや古いものの、食べ物がおいしく、そして部屋にあるお茶のセットは、コーニッシュウエア。ブルー＆ホワイトの横縞が特徴で、アンティークが有名ですが、現在でも作られている人気の陶器です。このセットでお茶を飲むだけでも、コンウォールにいるんだ！　という気分が高まりました。

コニガーハウス
CONYGAR HOUSE
2A The Ball, Dunster,
Somerset TA24 6SD
www.conygarhouse.co.uk

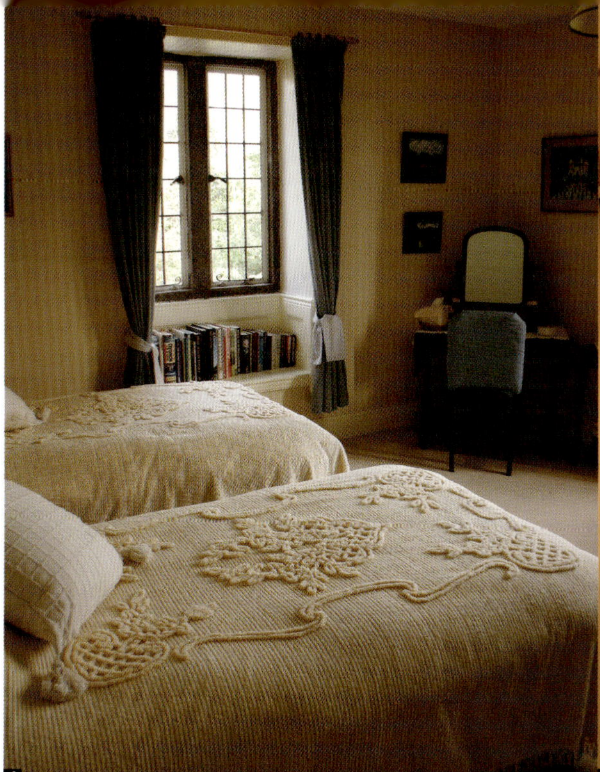

4

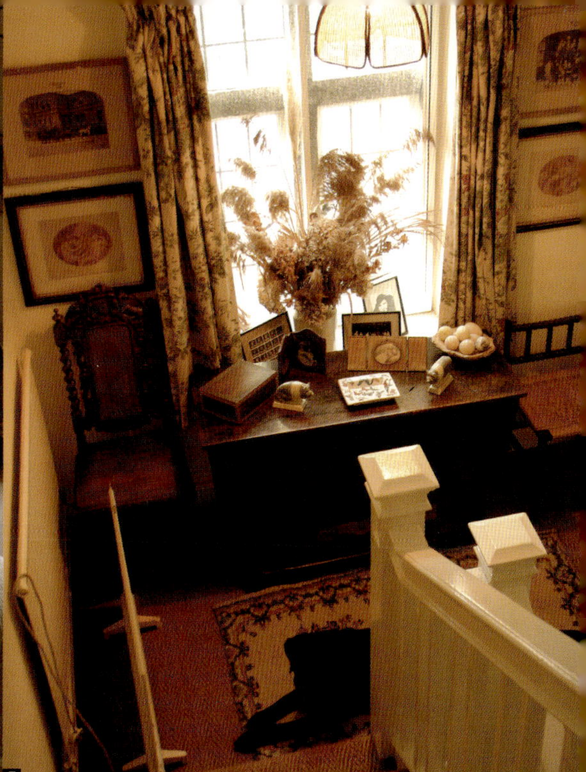

5

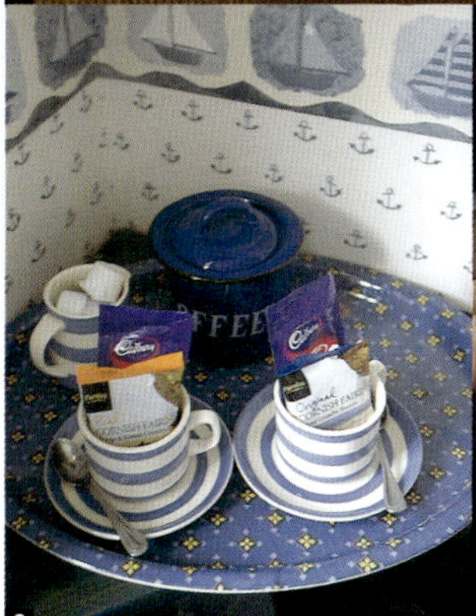

6

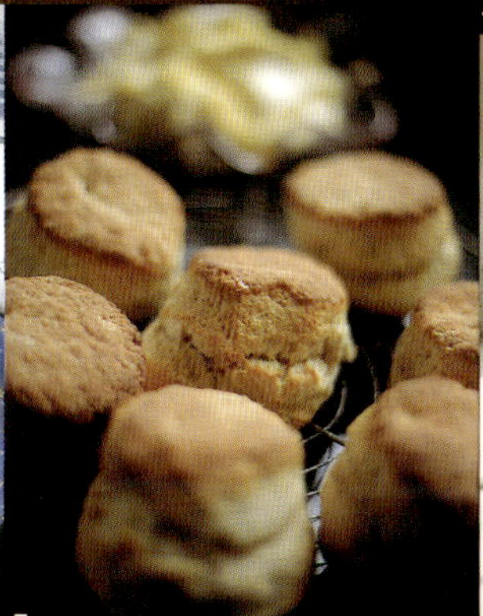

7

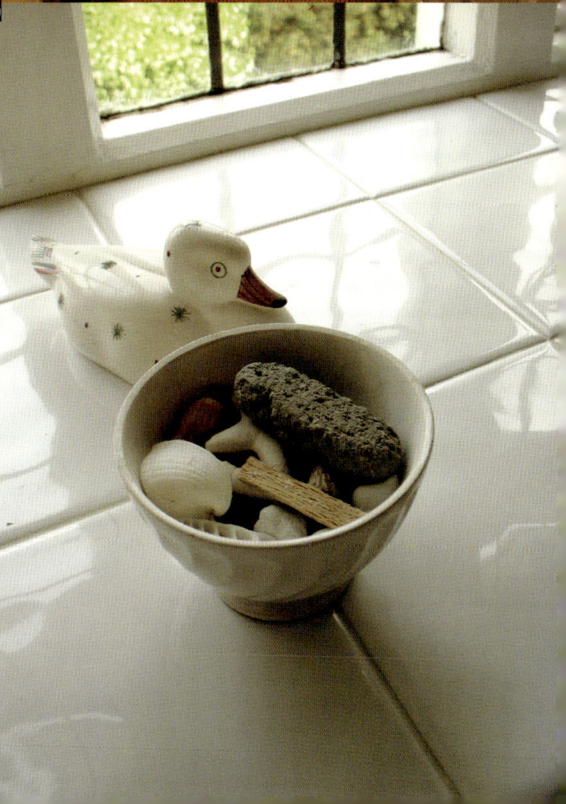

10

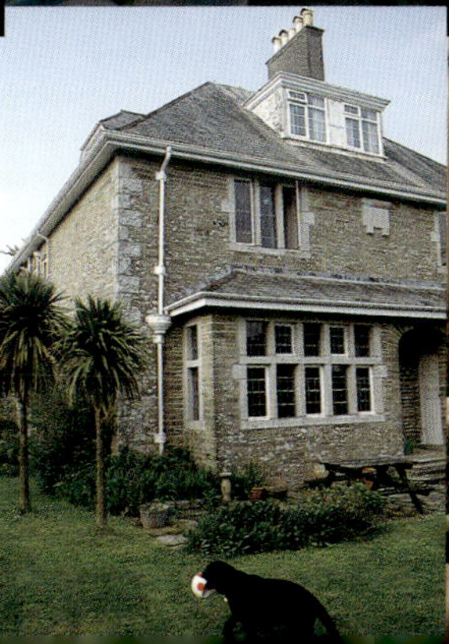

8

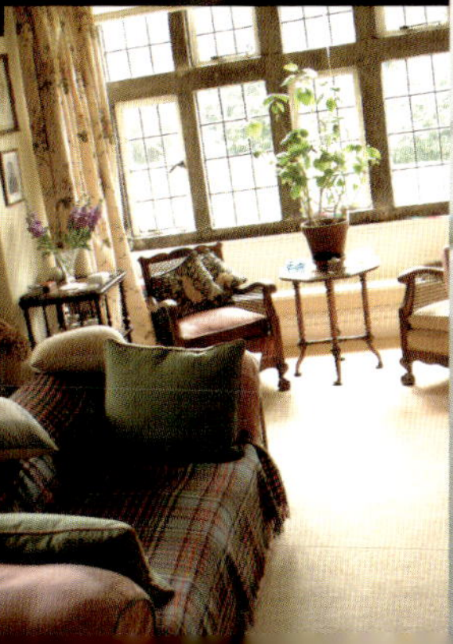

9

Devon & Cornwall

Tea Rooms Collection

Cobblestones Restaurant & Café

コブルストン　レストラン＆カフェ
好評により、夜も営業

　今回訪ねたティーハウスたちは、どうやって探したのかというと、「前に私が行ったところ」「友人のおすすめ」「地方の観光局スタッフによるおすすめ」「雑誌などで賞をとったところ」など。これらの中から、よさそうなところを選んだわけです。候補は、100軒以上あったかな？　私が行っていないところは、友人おすすめっていうのが、訪ねて行くとぴったりくるというか、私好みの店に当たる確率が高いようです。

　この「コブルストン」は、友人おすすめのお店で、店内の内装はコンテンポラリーで私好みじゃないのに、なぜか居心地がよさそうな、いい雰囲気。

　たいていのティーハウスは夕方で閉店、ここも平日は午後4時に閉まります。午後3時すぎに私たちはたどり着いたのですが、すでにスコーンは品ぎれ、ランチメニューもほとんどがおしまいでした。人気の高さがうかがえます。

　スコーンは独特の形、三角でけっこう大きめ。これはオーナーがスコーンを独学で研究した結果、決めた形だとか。

　約1年半前にオープン。それまでは食料品会社で働いていて、そのときにスコーンをいろいろ作り、最終的に6種類残った中から、ベストなものをこのお店で出しています。

　「卵を入れてみたりしたんだけど、今のは入れてません。生地が重くなるので」

　おいしいとの評判が高まり、夜もやってほしいとのお客さんからの要望で、週末の土曜日だけ、夜も営業しているとか。

1 コブルストンの店内。ここはいちばん奥のラウンジスペースですが、ほかは黒と白を基調とした、モダンな内装です。
2 こぶしくらいある、大きめの三角スコーン。パンタイプで、さっぱりしています。型抜きをすると、残った生地がかたくなるそうで、現在の三角形にカットする方法に。
3 ダンスターの村。とっても小さいけれど、ヌガーショップやローカルサイダーを売るお店などがありました。
4 コブルストンには裏庭があり、こちらもまたいい雰囲気。
5 コブルストンで出しているアイスクリームは、「SOURCE」（次ページ）からの紹介メーカーとのこと。なめらかでコクのある、おいしいアイスでした。

2

3

Ashleigh Bishop
Fine Selection of
SCULPTURE
PRINTS AND
GREETINGS
CARDS
Cobblestones
Restaurant & Café
Cobblestones
Restaurant & Café
Morning Coffee
Lunches
Cream Teas
Evening Meals
Gardens overlooking
Dunster Castle

4

Cobblestones
Come & See us
For Coffee
or Tea!
Delicious Cakes
Hot Meals & Snacks
Lovely Garden
Seating Inside

5

910.

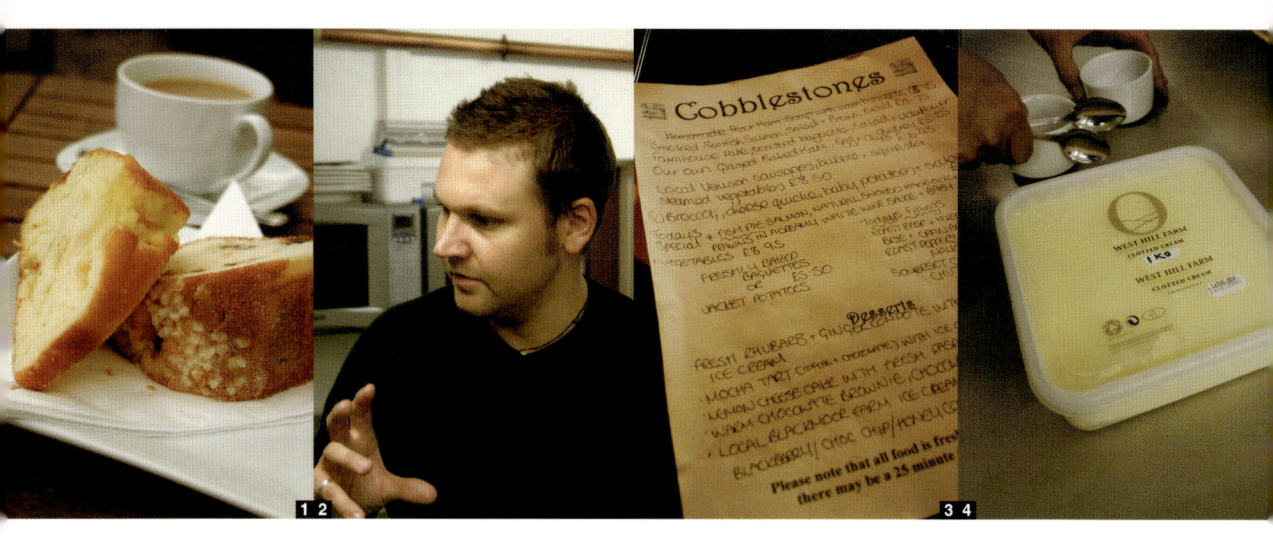

1 レモンケーキとブルーベリーケーキ。いずれもパウンドケーキです。
2 オーナー兼シェフのリチャード。あっという間に、スコーンを作ってくれました。
3 コブルストンのメニュー。今日はとくにホームメイドスープとスコーンが人気で、品ぎれしてしまったとのこと。
4 ウエストヒル・ファームのクロテッドクリームが使われていました。業務用サイズ。

「年金暮らしのご老人や、子供がたくさんいる家族連れに、安くおいしく食べてもらいたくって。でも自分の家族との時間も大切にしたいから、毎晩はやらないつもり」

「SOURCE」という、このエリアの食材を使おうという団体に入り、ほとんどローカルなオーガニック素材を使っているそうです。ウエストヒル・ファームの製品も、ここで使われていました。

売りきれてしまったというスコーンを、閉店後に焼いていただきました。このお店では午前10時からクリームティーを出すので、9時ごろから毎日焼き始めるそうです。食べてみると、外側はけっこうかため、中はパンタイプでしっとりしています。ひとつ食べると、けっこうおなかいっぱい。

「顧客が多いので、毎日メニューは変えています。なるべく素朴なメニューにするよう、心がけています」

スコーンを作るその技術と手早さ、こだわりを見せてもらったら、これからもおいしいスコーンとメニューが並ぶことを確信。このあたりを通りかかることがあったら、ぜひ足をのばして再訪したいと思うお店でした。

Data

24a High Street, Dunster, Somerset TA24 6SG
Tel:01643 821595
月・水・木曜10:00-16:00　金曜10:30-16:00
土曜19:00-21:00　日曜11:00-15:00　火曜休

Recipe

コブルストンの スコーン
Cobblestones' scone

材料（12個分）
- セルフレイジングフラワー（小麦粉）…1kg
- サルタナレーズン…160g
- バター…85g
- 塩…ひとつまみ
- ベーキングパウダー…12g
- カスターシュガー（グラニュー糖よりこまかい砂糖）…125g
- 牛乳（セミスキムド）…500ml
- 水…100ml

注＊イギリスではベーキングパウダー入りの小麦粉・セルフレイジングフラワーを使うのが一般的ですが、日本では手に入らないので、ベーキングパウダーの量を増やしてください。牛乳は一般的なものを使ってください。

作り方
1. 小麦粉はボウルにふるい入れる。
2. こまかく切ったバターを加える。
3. 塩、ベーキングパウダー、カスターシュガーを入れてまぜる。
4. バターの塊をなくすように、指先ですりまぜる。
5. サルタナレーズンを入れてまぜる。
6. フォークで、生地のやわらかさをみながら、室温より少し冷たくした水と牛乳を入れてまぜる。
7. 打ち粉をした台の上でまとめる（打ち粉を使いすぎないこと）。
8. 縦10cm、3～4cmの厚さの長方形にのばす。
9. 包丁に粉をつけて、10cmくらいの正方形にカットしてから、三角形に二等分する。
10. 牛乳を上に塗って、5分ねかせる。
11. 160～170度に温めておいたオーブンで、20～25分焼く（季節によって異なる）。10～15分でオーブンをあけて、焼き加減をチェックすること。

※焼きたてもおいしいが、店では15分置いて、少し温かいくらいでサーブする。そのほうが生地のおいしさがよくわかる。
※型で抜くと生地がつぶれるので、よく切れる包丁を使うこと。

★作ってみたら…
1kg分の小麦粉がなかったので、材料をすべて4分の1の分量で作り、ベーキングパウダーを10g、好みでサルタナ大さじ3を追加しました。分量の水と牛乳では生地がまとまらなかったので、牛乳を30ml追加しました。それでもフォークではまとまりにくく、手で数回こねました。これは、プロのテクが必要なのかもしれません。4個分できあがり、170度で25分焼いてみました。大きいので焼きあがりがかなり熱いため、10分ほどさましてから食べてみると、かなり食べごたえのある、パンっぽい仕上がりに。牛乳を塗ると、焼き目がきれいに仕上がりますね。

Devon & Cornwall

Tea Rooms Collection

The Corn Dolly

ザ・コーンドーリー
ユニークな形のデヴォン・スコーン

　入り口には「A REAL TEA SHOP」の看板が。2006年のティーギルド・アワードをとった、自信のほどが感じられます。内装は昔ながらの田舎のティーハウス、というかわいらしいもの。

　イギリスのランチタイムはだいたい午後1時からなので、そのちょっと前、12時半くらいにたどり着いたのにもう満員！　なぜか中高年の女性ばかりです。すぐに奥の席が空いたので座りましたが、私たちがいる間、ひっきりなしにお客さんがやってきます。

　賞のせいなのか？　いつもこうなのか？　初めて訪ねた私にはわかりかねましたが、ちょっと店内があわただしい雰囲気でした。けれどお店の人々はとても忙しそうなのに、丁寧、親切に対応してくださったのが、はるばるやってきたツーリストの私にはうれしかったです。

　スコーンは丸く焼いたものを4等分にカットした形。めずらしい形なのでたずねてみたら、デヴォンでは昔からこうして作っていたそうです。デヴォンシャークリームはねっとりしたバターっぽいものに見えたのですが、食べてみると意外にさっぱりでミルキィ。オリジナルのセイロンブレンドもおいしかったのですが、カフェインが入っていないルイボスティーもおすすめです。

Data
115A East Street, South Molton, Devon EX36 3DB
Tel: 01769 574249
月～土曜9:30-17:00　日曜11:00-17:00

1 スコーンはカントリーサイドのほうが、ロンドンより大きめで素朴ですが、その中でも飛びぬけて大きい。そしてお茶の種類によって、カップ＆ソーサーが違いました。イギリス人に人気が高い、ブルー＆ホワイトの陶器に入っているのは、ルイボスティー。
2 昔ながらのティーハウスのたたずまいを今に残す内装やインテリア。
3 アールグレイ風味のフルーツケーキ。
4 ケーキ類やメニューも豊富。私の好きなティーケーキもありました。
5 お気に入りイングリッシュ・スウィーツのベスト3に入る、アップルパイに温かいカスタードをたっぷりとかけたもの。お好みでバニラアイスかクリームを。砂糖をかける人もいます。

Earl Grey

Devon &
Cornwall

Tea
Rooms
Collection

Charlotte's Teahouse

シャーロッツ・ティーハウス
アンティークなたたずまいに、ローカルフード

大きな港町トゥルロに着いて、どこにあるのかとメインストリートをキョロキョロしていたら、古い立派な石づくりの建物の2階にありました。このあたりが鉱業がさかんだったときに建てられ、その後1848年に改築したという、ヴィクトリアンな建物です。内部の急な階段を上がっていくと、廊下の突き当たりに、日差しがいっぱいなお部屋があり、そこがティーハウスになっていました。

ここを選んだのは、コンウォールでいちばん有名なティーハウス、とイギリスの雑誌に書いてあったので。ティーギルドでももちろん賞をとり、その紹介文では絶賛されています。それだけでなく、ここのウエイトレスはヴィクトリア朝のユニフォームを身につけている、というのにも心惹かれました。

ケーキなどはすべてホームメイド。ローカルな素材を使って、なるべくコンウォールのユニークな味を出すようにしているそうです。メニューから、「シャーロット・ハイティー」をいただきました。ティーハウスブレンドのリーフティーとフレッシュサーモンとアボカドのサンドイッチに、小さな3個のホームメイドケーキがセットになっています。ティーはやや濃いめ、サンドイッチのサーモンは、さすがに港町。いずれも素朴な味でおいしかったです。ケーキはたしかに、ホームメイドの味。職人ではなく、お母さんが作ったような。

お客さんのほとんどはツーリストで、とてもこみ合っていましたが、コンウォールの強い日差しとアンティークな店内のコントラストがおもしろく組み合わさっていました。

1 ケーキはすべてホームメイド。中央は、アプリコット・スクエア。
2 13世紀に錫（すず）鉱山で栄えた町、トゥルロ。このホールは14世紀に建てられ、その後建て替えられて、現在のようなヴィクトリア朝の建物になりました。
3 「シャーロット・ハイティー」のセット。フレッシュサーモンとアボカドのサンドイッチと小さなケーキが3個つきます。サンドイッチはほかにも種類があります。
4 店内が2つの部屋に分かれており、こちらはシックな内装のほう。
5 私の想像よりやや簡素だった制服。右のレジは立派なアンティークでした。

Data
Coinage Hall, 1 Boscawen Street, Truro, Cornwall TR1 2QU
Tel: 01872 263706
10:00-17:00　日曜休

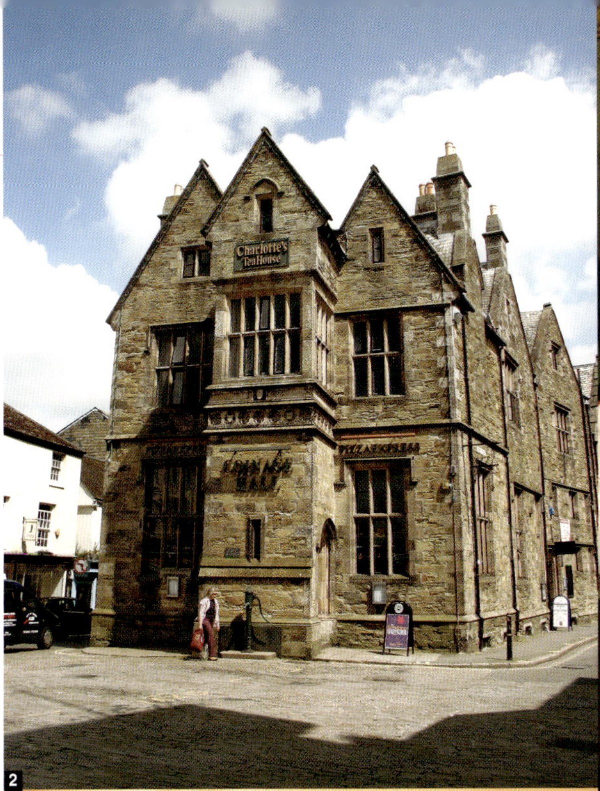

2

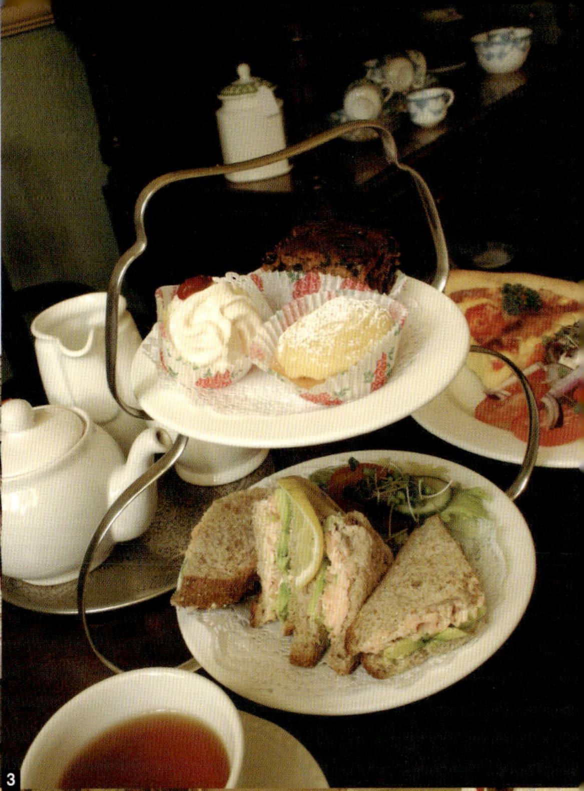

3

4

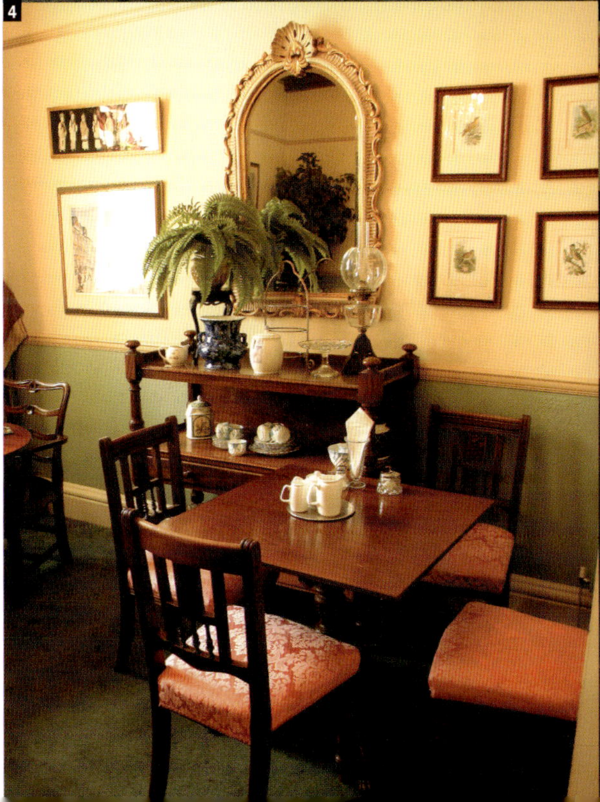

5

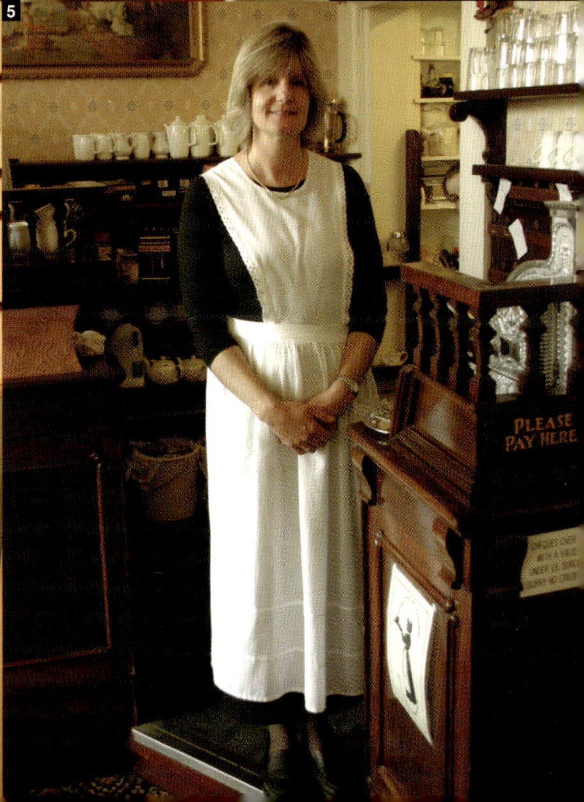

Devon & Cornwall

Tea Rooms Collection

THE TEA SHOP

ザ・ティーショップ
4連結スコーン？ コーニッシュクリームとの相性は

　うっかり夕方の渋滞にはまってしまい、このお店にたどり着いたのは閉店時間まぎわ。でも遅れると電話をしたせいか、店を閉めずにスタッフのみなさんが待っていてくれました。その日は週末、早く帰りたいことでしょう。なのであまり手の込んだものでなく、クリームティーとアイスクリームを出してもらうことにしました。お客さんに人気のスコーンは、六角形というユニークな形。なぜこんな形なの？
「そう？　このへんでは、わりとよくある形なんだけど。うちでは一度にたくさん作れるから、この形を選んだのよ」
　と、そのスコーン型を見せてもらったら、4個が連結している初めて見るタイプ。
「この型も、近所の雑貨屋でふつうに売ってるわ。たしか大中小とサイズの違いがあったと思うけど。これは中だったかな？」
　スコーンは大きさのわりに、軽い口あたり。添えられているのはもちろん、コーニッシュクリーム。バターとも思えるような色とその濃さ。さっぱりとしたスコーンとの相性がいいような。この組み合わせは、コンウォールのこのお店まで来ないと、食べることができません。
　次回はもっと余裕をもって、40種類あるというお茶をゆっくり選んだり、ホームベイクしているというハムを使った「ティーショップ・プラター」を食べに来たいと思いました。閉店後もいたので、てっきりスタッフのひとりかと思った中年の女性は、お隣のお隣にあるアンティークショップのオーナー。なんでも娘さんがここで働いているので、よく来るとか。そのアンティークショップにも最後に立ち寄り、ロイヤルドルトンのシュガーボウルを買って、この町をあとにしました。今度は、あの4連結のスコーン型を探しに、地元の雑貨店へも行きたいですね！

Data
6 Polmorla Road, Wadebridge, Cornwall PL27 7ND
Tel：01208 813331
10:00−16:00　日曜休

1 奥にある厨房。閉店後の片づけをしていたところです。
2 通りすぎてしまいそうな小さなティーハウスなので、この看板が目印です。
3 アイスクリームはコンウォール名物のひとつですが、このホームメイド・アイスクリームはその中でもおいしいと評判とのこと。はちみつも入っていて、とても甘い。
4 山盛りのコーニッシュクリームがついてくる、六角スコーンの「コーニッシュクリームティー」。お茶はハウスリーフティーですが、ほかにも40種類あるそうです。
5 4連結のスコーン型はこのへんでは一般的ということです。キッチンツールコレクターとしては、次回ぜひ手に入れたいですね。

1

2

ALL HOMEMADE
THE TEA SHOP
'AWARD OF EXCELLENCE' 2006
LIGHT LUNCHES
CREAM TEAS, CAKE
PAVLOVA, ICE CREAM
LEAF TEA, FRUIT TEA
COSTA COFFEE

3 4

THE TEA SHOP
Member of
The Tea Council
2006

5

Cheese

Devon &
Cornwall

Tea
Rooms
Collection

Broadway House

ブロードウェイハウス　ジョージアンティールーム
懐かしい雰囲気と味

　コンウォール＆デヴォン旅の最後、ロンドンに帰る前にこのお店に立ち寄りました。B&Bがメインで、その建物のひと部屋でティールームをやっています。

　昼どきをすぎていたのですが、店内は満員。そのほとんどが老人、そして全員がローストビーフを食べています。なぜ？　と思いきや、今日は週に一度のロースト・デーらしく、それを食べに老人たちが集うのでした。帰るときには「また来週」なんて挨拶しているし、相席も当たり前。しかもみなさんが仲よさそうで、よそものは私たちだけのようです。

　しかし居心地が悪いかというとそうでもなく、昔のティーハウスはこういう雰囲気だったなあ、と懐かしくなりました。ローカルクリームを食べるのも、ここで最後。忙しいところ無理を言って「デヴォンシャークリームティー」を作ってもらいましたが、ホームメイドのスコーンで、なかなかおいしかったです。ここ数日スコーンを食べまくっていたので、ちょっと評価が厳しくなっています。ふだんに食べたら、とてもおいしいかもしれません。ローストビーフも、懐かしい味でした。薄味のグレイビーに、しっかりとゆでられた野菜たち……。素材の味を大切にしたともいえますが、日本人には「まずい」と思う人もいるかもしれません。よくイギリスの友人に言われるのですが、「日本食はおいしいけれど、どれもがソルティだ」と。おしょうゆ文化の私たちは、すでに一定量の塩気がないと、おいしいと思えない舌なのかも。けれどこれがイギリスの昔から続いた味、そしてここではこれからも続いていく味でしょう。

1　B&Bの外観。ティールームはこの一室にあります。
2　テーブルクロスはすべて手刺繍のもの（直接ポットなどを置くと、注意されます）。イギリスの典型的なカリフラワー頭（失礼！）の老婦人たちが、たくさんいました。
3　「デヴォンシャークリームティー」のセット。
4　みんなが食べていたローストビーフ。肉がやわらか。
5　だれかの家のようなディスプレイ。でもさっき注意されたので、さわらぬようにしました。

Data
35, High Street, Topsham, Exeter, Devon EX3 0ED
Tel:01392 873465
8:00-16:30　日・月曜休
www.broadwayhouse.com

2

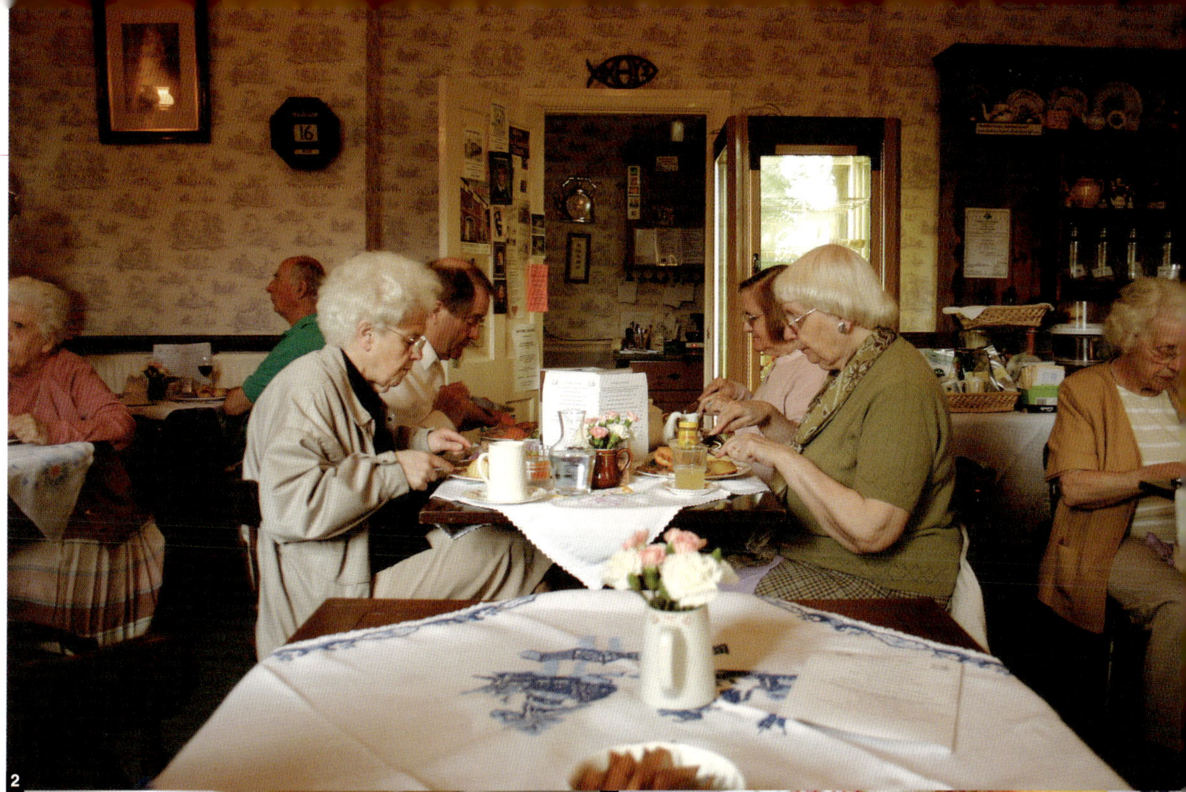

3

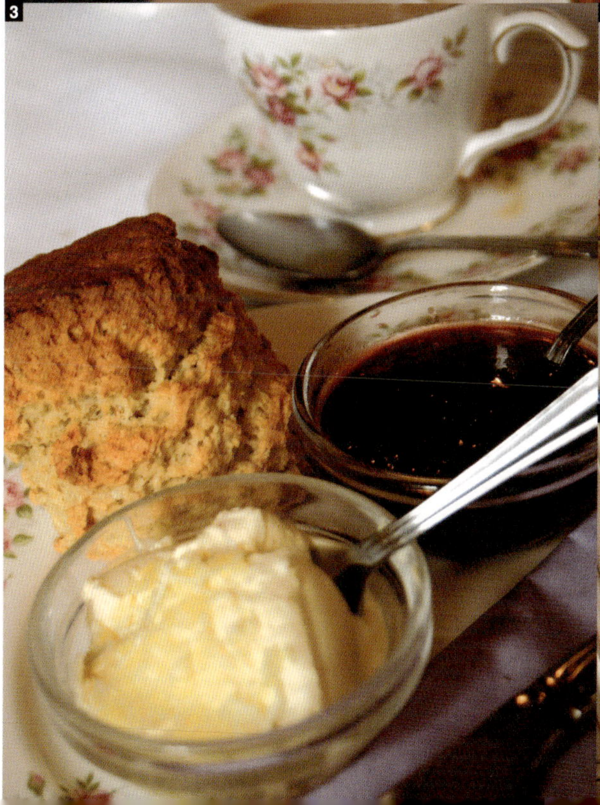

4

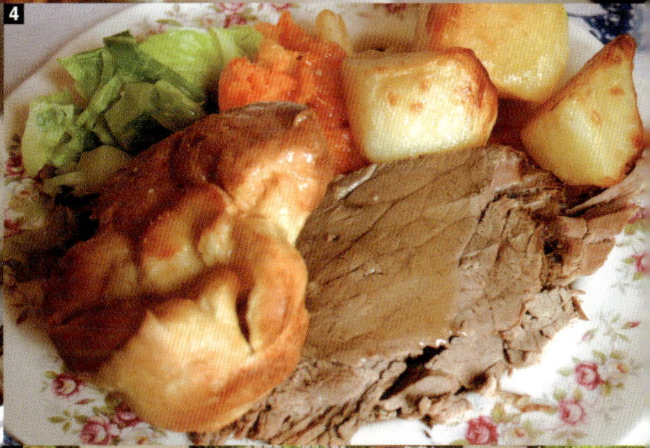

5

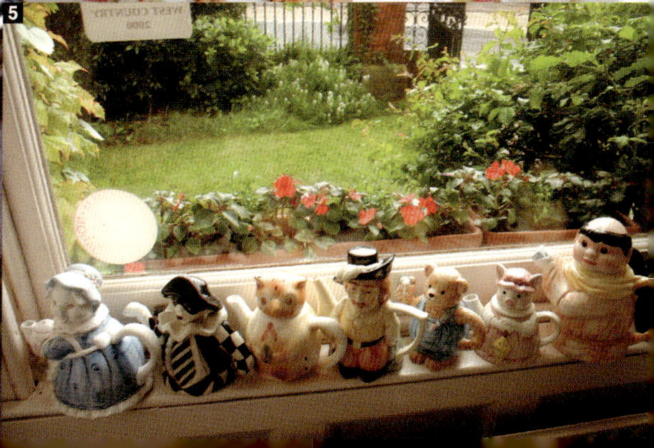

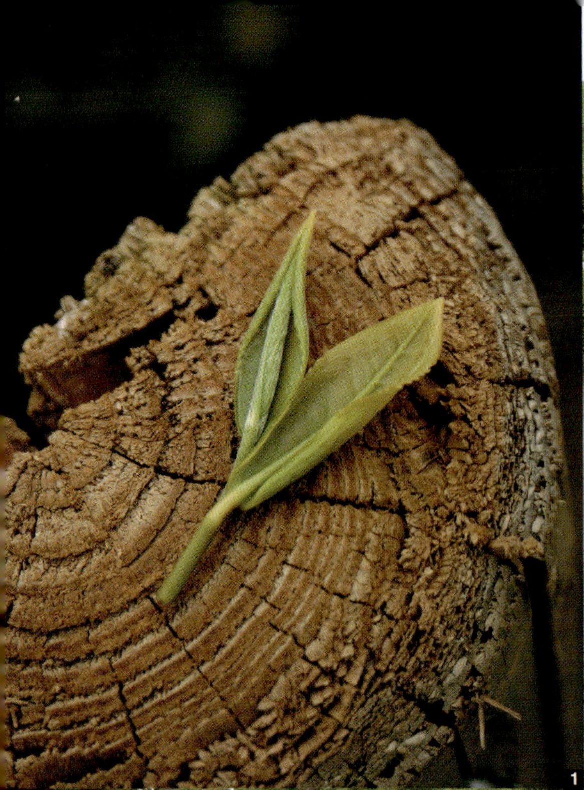
1

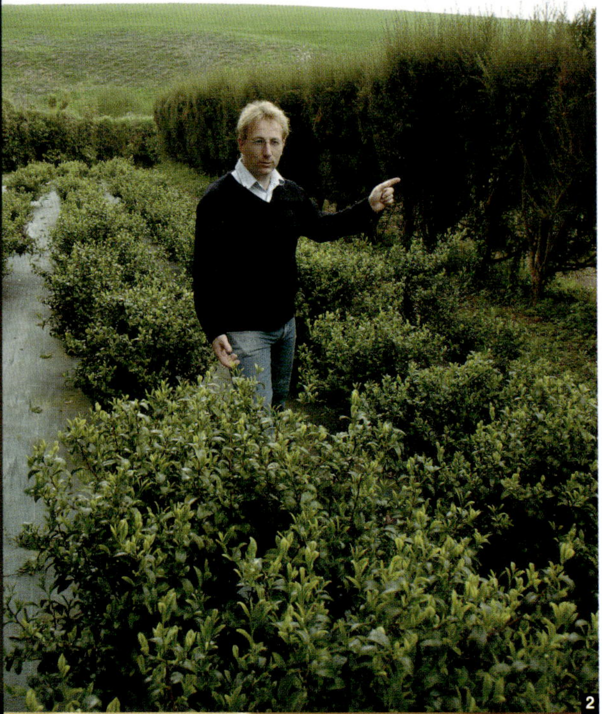
2

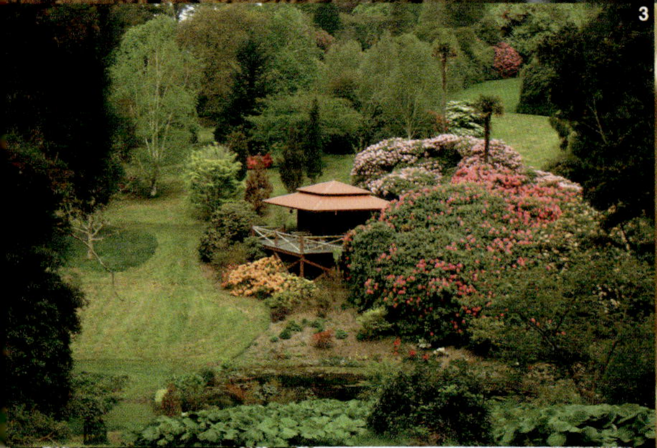
3

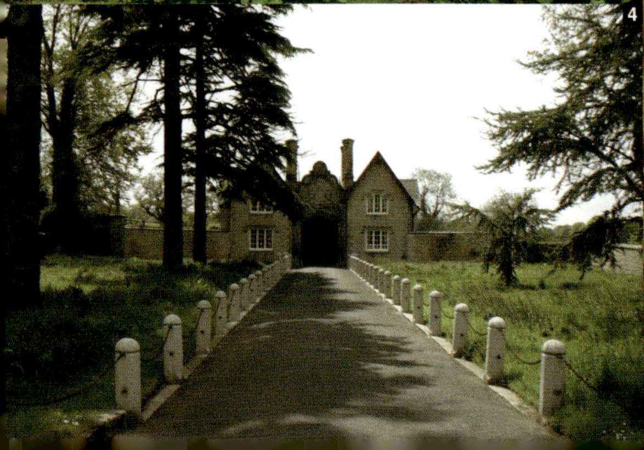
4

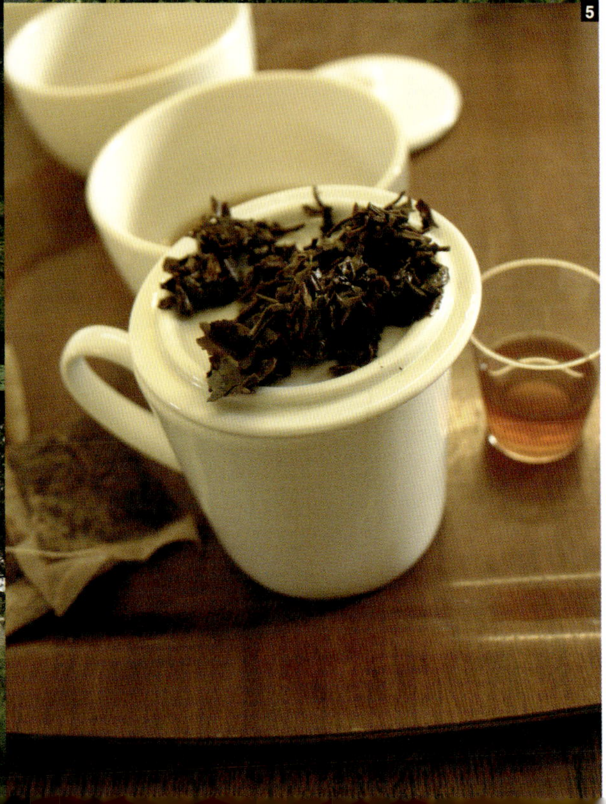
5

Devon & Cornwall

1 茶葉の新芽。中に白い毛があるのが、よいお茶の証拠。
2 チーフガーデナーであり、この茶園の最高責任者であるジョナサン。茶畑にて。
3 ガーデンの一般公開はしていませんが、事前予約すると有料で見学できる場合も。詳しくはサイトを。
4 村の入り口にあるゲート。ここから4マイル先に邸宅とガーデンがあります。
5 ジョナサンが、ティーテイスティングをしてくれました。
6 中国やアッサムなどの茶葉を使った、ブレンドティーもあります。
7 ナンバリングされているシングルエステート・ティーは、55ポンド。

Column-1

英国初生産の茶園、トレゴスナン

「イギリスの紅茶が好き」と言うと、ちょっと詳しい人に、「でもイギリスって、紅茶はできないんでしょ？ インドなどから茶葉を買って、加工しているだけじゃない？」なんてことを、かつて言われたりしました。

しかしイギリス紅茶好きのみなさん！ イギリスでも、紅茶が生産され始めたんです。

場所は、コンウォールのトレゴスナンという、広大な領地を今でも持っているというボスコーウェン・ファミリーの敷地内にありました。なんせ村の入り口に門があり、そこから4マイル進んだところにお屋敷があるのです。この門から邸宅までの長さは、イギリス一だとか。

「このあたりは、インドのダージリンにも似た風景でしょう？」

と、ここの庭師であり、茶園の最高責任者のジョナサンが、広大なガーデンを案内してくれました。最初は、イギリスで初めて、椿を温室でなく屋外で栽培することに成功したのがきっかけだったとか。椿が屋外のあちこちで咲いている日本では考えられないことなんですが、イギリスは日本より寒く、そして椿は貴重な品種なので、通常温室で栽培されているのです。同じカメリア種であるお茶の木も育つのでは？ と、インドから持ってきたお茶の木を栽培したものが、今年初めて製品化されたそうです。

庭の案内のあとに、ジョナサンがオフィスでお茶をいれてくれました。この茶園の茶葉のみを使ったシングルエステートは、ダージリンに似てさっぱりしたお味。まだ出荷量はわずかなものですが、イギリス国内での人気も上々で、今年の分はもう売りきれてしまったそうです。ほかにもインドや中国から茶葉を買いつけ、ブレンドティーも作っています。

将来はこの地に「インターナショナルティーセンター」を作る予定だとか。中国、インド、日本などで茶園を見学したジョナサンは、日本産のペットボトルのお茶を販売したいそうです。緑茶にかぎらず日本のお茶の種類はすばらしい！ と話すジョナサンの夢、かなうといいですね〜。

トレゴスナン
Tregothnan English Estate Teas
Tregothnan, Truro, Cornwall TR2 4AN
Tel:01872 520003
www.tregothnantea.com

Devon & Cornwall   Column-2

イギリス人には欠かせない、
お茶の友が作られている場所は

　ここを教えてくれたのは、友人であり今回のコーディネーター、木島タイヴァース由美子さん。彼女がデヴォンへ行かれたときにドーセットを車で通りすぎ、ふと気になって立ち寄ってみたそうです。小さな工場と売店があるのですが、欠けてしまったものなどを安く買ってきたらとてもおいしく、日本にいる私に感激のメールをくれました。それで私もぜひ、訪れてみたくなったわけです。
　行ってみるとA35という幹線道路沿いにあり、車を高速で飛ばしていたら、見逃してしまうような小さな看板です。1880年に作られたというこの工場では常時8～9種類のビスケットが作られ、約1000個のビスケットが毎日生産されています。
　工場見学のあとは、たのしいショッピング。あれやこれやと選んでいたら、男性の若者ふたりが、ものすごくじっくりと品定めしたあと、大量に買いこんでいきました。が、また戻ってきて、さっきの倍ほども買っていました。聞いてみると、子供のころにこのあたりに住んでいて、懐かしくて寄ったそうです。帰りぎわに思いついて親や親戚などに電話したら「あれも買って来い、これもお願い」と大量にたのまれ、引き返してきたとか。ちょっとフーリガンめいた服装の男の子と大量のビスケット。その組み合わせがなんだかおかしく、しかし老いも若きも男性も女性も甘いもの好きのイギリス人らしいなあ、と思ったのでした。

1 工場に隣接しているショップ。人が集まっている棚が、ほかの食料品店でも販売されているパッケージ。右側手前の棚に並ぶのが、ギフト用の特別パッケージのブリキ缶です。私もひとつ、買っちゃいました。
2 ほんとに小さい看板。
3 はちみつなども売られていました。
4 丸くてかたい塩味のパンのようなもの。スープにつけて食べます。
5 ビスケット以外にもジャムやお茶なども売られていました。

ムーアズ
S.MOORES

Morcombelake, Bridport, Dorset DT6 6ES
Tel:01297 489253
ショップ:9:00-17:00　土・日曜・祝日休
www.moores-biscuits.co.uk

1

2

S.MOORES
BISCUIT BAKERS
ESTABLISHED IN MORCOMBELAKE 1880

4

MOORES
FAMOUS
DORSET KNOB
S. MOORES
MORCOMBELAKE
BRIDPORT
BISCUITS
150 g

3

5

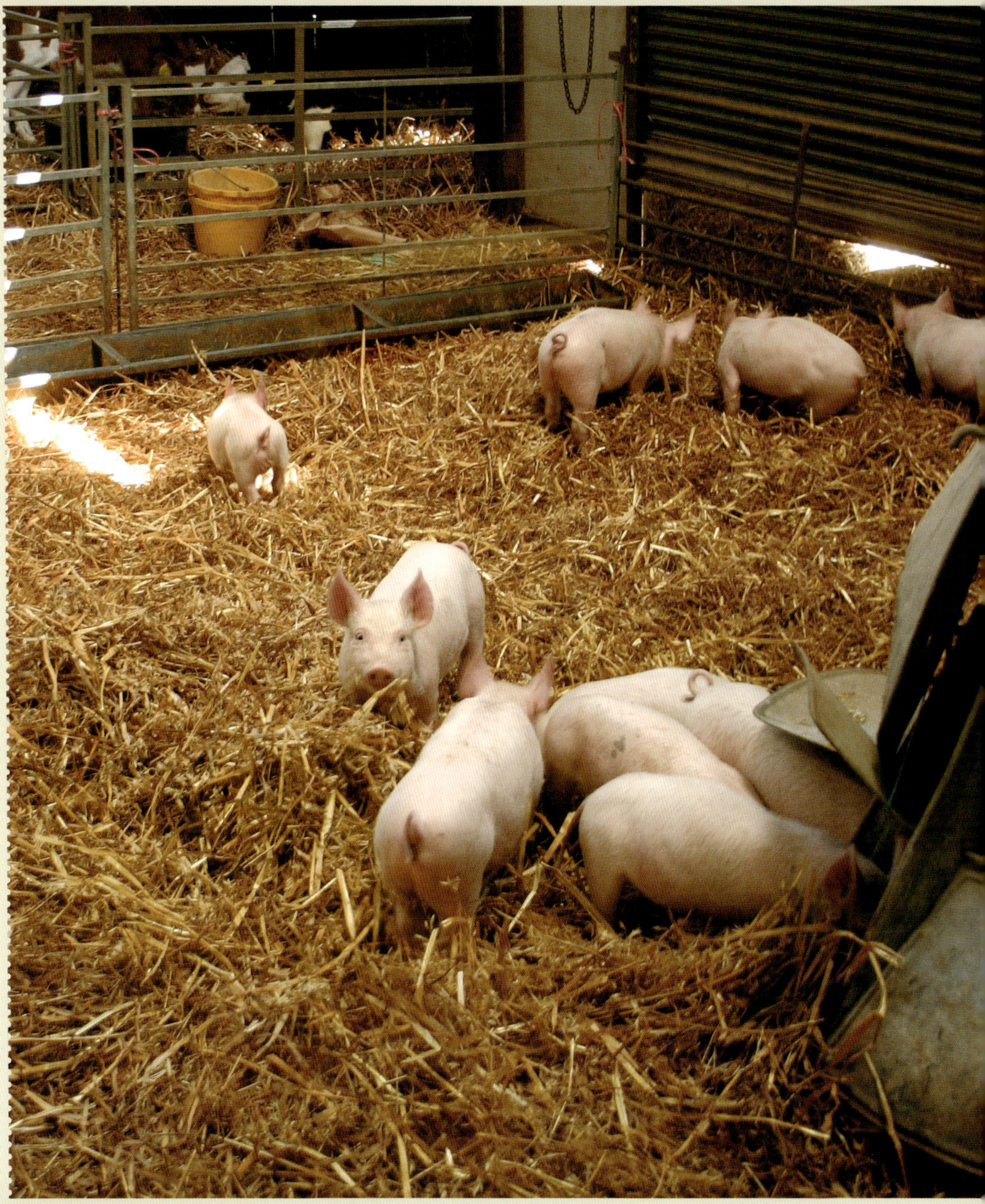

Chapter 3

Hereford
ヘレフォード

「イギリスはほんとうはおいしい!」と確信させてくれた

料理好きの主婦、メアリーさんの家庭料理。

食の宝庫といわれるほど食材が豊かなヘレフォードでは

イギリスのスローフードを実感します。

食の宝庫、カントリーサイドで
イギリス家庭料理とスコーンを堪能

Chapter 3 / Hereford

1 メアリーの友人、ジャネットの家の庭から、羊たちとヘレフォードの大地を広く見渡すことができます。イギリスではおおざっぱに分けて、頭が白と黒の羊がいます。春生まれなのでしょう。子羊たちの姿を多く見かけました。
2 ジャネット宅でごちそうになったティーケーキ。こうしたぺったりしたビスケットのようなものから、ぶどうパンのようなものまで、いろいろな形があります。
3 ホームメイドのレモネード。庭でごちそうになりました。炭酸なしが、わりと一般的。

　ヘレフォード……って聞いて、すぐどこにあるのか、わかる人は少ないのでは？　私も初めて聞いたときは、映画『マイ・フェア・レディ』の主人公イライザの「ハートフォード、ヘレフォード、ハンプシャー……」という早口言葉しか、思い浮かびませんでした。
　場所としては、コッツウォルズの左上、ウエールズのやや右側。ロンドンから車を飛ばして、だいたい4時間くらい。コッツウォルズはもちろんのこと、お隣の県、シュロップシャーにはアイアンブリッジなどがあり、有名な観光地に囲まれているので、ツーリストにはちょっとマイナーな土地かもしれません。が、イギリス国内ではこのヘレフォード、なかなかあなどれないところです。ヘレフォード牛は世界中で有名だし、サイダー（りんごが原料の発泡性のあるお酒。ドライやスウィートなど種類が豊富にあり、イギリスではポピュラーな飲み物）の名産地として国内でも知られており、土がいいらしく農作物も豊富で、ロンドンの有名シェフも注目しているフード・フェスティバルが行われるという、イギリスの食の宝庫なのです。
　さてその食の宝庫をなぜ訪ねてきたかというと、イギリスのおいしい家庭料理を食べるため。よく「イギリスは食事がまずい」といわれますが、そんなことはない！　と声を大にして言いたいものです。そのイギリス料理の基本になるのは、家庭料理。これをヘレフォード在住の友人であり、家庭料理の名人、メアリーに教えてもらいながら、素朴なティーハウスやローカルなワイナリーを訪ねたり、ポテトチップスの工場見学など、ヘレフォードの食をのんびりとたのしもうという予定です。

1
2 3

Hereford
Mary's Home

イギリスーおいしい！ メアリーのスコーン

　イギリスでは家庭のごはんのとき、主に夕食ですが、最後に必ずデザートを食べます。甘いもの好きな人が多いこの国では、デザートがものすごく重要。食事の最後の決め手となります。料理上手は、甘いもの上手。とくにメアリーのスコーンは、本場イギリスでもめったに食べられないおいしさなので、ぜひそのコツを教えてもらおうとお願いすると、
「簡単にできるから、ランチのあとに焼いてあげるわよ」
　とのこと。ほんとうに、準備に5分くらい、作業は10分くらいで、すぐに12個のスコーンが焼きあがりました。
「レシピーどおりに作れば、だれにでもすぐできるから」
　たしかに簡単そう。日本に帰ったら、さっそく作ってみようと思いました。
　メアリーはみんながスコーンを食べ終わったあと、残りをすぐに鳥のえさとして庭にまいてしまい、「もったいない！」と私が驚いていたら、
「スコーンは焼きたてを食べるものよ。そんなに食べたかったら、またすぐに焼いてあげるわ」
　と、微笑みながら言われてしまいました。でもやっぱり、もったいないかも……。
　メアリーはけして、食べ物を粗末にする人ではありません。空軍に勤めたあと引退したダンナさまのフランクと、ヘレフォードのとっても小さな村、アリングズウィックにて質素に暮らし、ボランティアで教会やナショナルトラストの仕事をしています。そのメアリーが「スコーンは焼きたてで」と言うからには、そういうものなんでしょう。しかしこんなおいしいスコーンのおこぼれにたびたびあずかれる、このへんの鳥たちがうらやましいかぎりです。

メアリーのスコーンは、クロテッドクリームなしでもおいしくいただけます。メアリーの庭からとれたプラムのジャムやマーマレイドをつけて。焼きたてだから、バターがちょっと溶けて……！

Recipe

メアリーのスコーン
Mary's homemade scone

材料（12個分）
小麦粉　250g
ベーキングパウダー　10g
プレーンヨーグルト　大さじ1
塩　ひとつまみ
粉砂糖　40g
バター　40g
牛乳　150㎖

作り方
1 オーブンは220度に温めておく。
2 小麦粉とベーキングパウダーをまぜ、ふるいにかけながらボウルに入れる。
3 2に砂糖と塩を入れてまぜ、こまかく切ったバターを加え、指先でよくすりまぜる。
4 牛乳とヨーグルトを加えまぜて生地をやわらかくし、手早くまとめる。
5 打ち粉をしたまないたに4の生地をのせ、3cmくらいの厚さにのばす。
6 すばやく、しかしやさしく、よく切れるナイフで四角くカットする（エッジを立てるように。型抜きすると生地がつぶれて、うまくふくらまない）。
7 打ち粉をした冷たいトレイにのせて、落ち着かせる。
8 天板に並べ、オーブンで10分焼く。

★作ってみたら…
うちのオーブンは小さくて、温度も200度までしか設定できないので、この分量で小さめ（18個分）に作り、2回に分けて各15分焼きました。牛乳の分量を変えて3回ほど作ってみたんですが、牛乳が多いほう（150㎖）が生地がべとつき、よく切れる包丁でも切りにくく、エッジが立てにくいです。けれど私が好きな、外がカリッと中がしっとりした焼きあがりになります。初心者の方は、最初は牛乳を少なめ（100㎖くらい）で作るほうが、簡単かもしれません。焼きたてが、おいしい！
※メアリーのおろし金状の道具は、日本では手に入りにくいので、バターはナイフなどでこまかくカットしてください。

すべての材料です

粉をふるって、ボウルへ

メアリーの嫁入り道具を使い、バターを粒状に

手ですばやくすりまぜる。この作業がポイント

ミルクを入れて

まないたに打ち粉をした上に丸めたものを

12等分にカットします。エッジを立たせるように

生地を、打ち粉をした冷たいトレイへ

オーブンで焼いているところ

Hereford
Mary's Home

1 メアリーのストック・ルーム。「Seville」とはオレンジの種類で、マーマレイドを作るのに適しているそうです。
2 メアリーとそのキッチン。
3 ホームベイクのパン。そのままでも十分おいしいのですが、バターと上のジャムをつけると……。
4 アスパラガスをゆで、すばやく皿へ。ゆで時間は2分半きっかり。バターは小さなガラス皿に入れ、電子レンジで少し溶かしておきます。
5 ミンティ・マッシュルーム。小粒なもので作ると、上品な仕上がりに。
6 ウォルドルフ・サラダ。セロリの葉の中心部分を飾りに使っていました。
7 ポーチド・サーモン。イギリスでサーモンといえば欠かせないのが、上にトッピングされているディル。
8 ローカルハムは、近くの肉屋で買ってきてくれたそうです。ヘレフォード牛は有名ですが、豚もまたおいしい。
9 私がとても気に入った、ライスサラダ。ほんのりとおしょうゆの味がします。
10 ラズベリースポンジ。生クリームがあまり甘くなく、とてもすっぱいラズベリーとよく合います。

4
5
6
7
8
9
10

Hereford
Mary's Home

メアリーのおもてなし料理が続々と

Recipe

フュージョン・チキン
①皮をはがした鶏もも肉を人数分、用意する。
②キャセロールにいためた玉ねぎをしき、その上にスライスしたマッシュルーム、鶏肉を順にのせ、ミントとローズマリー各1本、しょうがのすりおろしティースプーン1、はちみつティースプーン1、しょうゆ大さじ2〜3、サラダオイル大さじ1をかけて鶏肉になじませ、鶏肉の皮を少々肉の上にのせる。
③160〜180度のオーブンで1時間焼いたら、できあがり。

Recipe

ポーク&アップル煮
①やわらかめの豚肩ロース2.5kg（約7人分）をサイコロ状に切る。
②玉ねぎ1〜2個をスライスして、電子レンジにかけるか、フライパンでいためる。
③耐熱なべなどに豚肉と玉ねぎを入れ、ドライサイダーをひたひたくらいまで注ぐ。サイダーの種類は、お好みでなんでもよい。
④塩、こしょうし、160度のオーブンに入れて1時間。
⑤1時間たったら皮つきのりんご4個（だいたいひとり1/2個がいきわたるように）を芯をとって半分に切ったものをなべに入れ、30分オーブンに入れたらできあがり。

　今回はメアリー&フランク宅に3日ほど泊めていただいたこともあって、料理上手なメアリーのイギリス料理を、朝・昼・晩と堪能しました。
　私が到着した日の「ウエルカム・ディナー」は、フュージョン・チキン。オニオンやマッシュルーム、チキンを重ねて焼いた、オーブン料理です。味のポイントは、なんとしょうゆ！　日本人の私のために、しょうゆ味のものを作ってくれたのです。ただ、隠し味にミントやローズマリー、しょうが、はちみつなどを使って、イギリス人のメアリーたちにも食べやすい味つけに。つけあわせは、ジャスミンライスとニューポテト（新じゃが）をオイルであえたものをオーブンで焼いた、ローストポテト。デザートは3種、バター&ブレッドプディング（メアリーのは食パンでなく、フランスパンを使います。そのほうが食感がよいので。上にマーマレイドを塗ってあるのがオリジナル。焼くとカリカリしておいしい！）、ルバーブ・クランブル（ルバーブという蕗に似た植物を煮て、デザートとしてよく食べる。私の大好物）、コーヒームースという、豪華版。いずれもおいしく、おなかの限界ぎりぎりまで食べました。
　翌朝はホームベイクのパン。これが4、5種類あって、ほかに何もいらないほどのおいしさ。それにつけるホームメイドのマーマレイドは、友人が「世界一」と言うほどのすばらしさ。秘訣は、皮を一度ゆでてから刻むことだそうです。
　ある晩は、メアリーの友人、ジャネット&ノーマン夫妻をお招きしての夕食。ジャネットはお医者様をなさっているそうですが、もうすぐリタイアとのこと。以前、私がこの地でツアーをしたときにも、メアリーと一緒にお客さんのお世話をしてくれました。
　メアリーはいつもスーパーオーガナイザーで、ヘレフォードに来たら、行きたいところ、会いたい人、欲しいもの、食べたいもの、すべてをセッティングしてくれます。72歳という現在のお年を考えると、とっても恐縮してしまうのですが、できないことはできないとはっきり言ってくれるので、こちらも遠慮せずに、お願いしています。

なので今夜のメニューは、事前に打ち合わせ済みで、メアリーがポークと調理用のすっぱいりんごを使った煮込み、ジャネットがデザートのメレンゲという、典型的な英国料理を作ってくれました。煮込みはヘレフォード名産のドライサイダーを使っているせいか、肉がやわらかく、さっぱりとしたお味。レシピーを聞いたら、とても簡単。これなら私でも、メアリーに近い味が出せるかもしれません。

　そうそう、時間があまったからといってこの日の昼、イギリスの代表的な夏のお菓子、サマープディングも作ってくれました。レッドカラント、ラズベリー、ブラックカラントなど、庭で熟したときに採れたものを冷凍して保存しておくそうです。それを弱火で少量の砂糖とさっと煮て、1日か2日前のミミをとった食パンで包みます。本来サマープディングといえばドーム型の半球状が一般的ですが、メアリーは、
「それだとわざわざ食パンをカットするので、無駄が出る。長方形の型だったらそのまま食パンを使えるでしょ」
　と、ここにも彼女の工夫があるのでした。

　ランチは、今回いちばんの豪華なメニューでした。これだけ作るのは、さぞやたいへんだったと思います。
　メニューを書き出してみると、

1. アスパラガスをゆでたもの
　　イギリスでは旬の時季、3カ月ほどしか出回らない

2. ミンティ・マッシュルーム
　　バターでいためたマッシュルームに、フレッシュミント、玉ねぎ、塩、こしょう、
　　シーズニングスパイス、レモンジュースを加えたもの

3. ウォルドルフ・サラダ
　　りんご、セロリ、くるみにマヨネーズ、生クリーム、ミルクをまぜたもので味つけ

4. ポーチド・サーモン
　　サーモンにフレッシュペッパーとハーブ入りのシェリーをかけて蒸したもの

5. ローカルハム

6. メアリーオリジナルのライスサラダ
　　ゆでたタイ米が温かいうちにしょうゆ、オイル、レモンジュースを加える。
　　具はスイートコーン、あらみじんのグリーン＆レッドペッパー、スライスオニオン、
　　ローストしたカシューナッツ、ひまわりの種、カラント、パセリのみじん切り

7. ラズベリースポンジ
　　焼いたスポンジケーキに生クリームとラズベリーをはさんだもの

Hereford
Mary's Home

いずれもとってもおいしく、手に入りやすい材料で、作り方も簡単。家庭料理のせいか、特別な技術も道具もいらないし、日本でも手に入る材料がほとんどです。もしくは「セルフケータリング」という、台所つきの宿泊施設もあるので、そういったところに泊まって、現地でイギリス料理を作ってみるのもたのしいかな、と思いました。

全部は食べきれないので、残りを次の日、ランチボックスにしてもらいました。このメニューの中でも気に入ったのが、ライスサラダ。おしょうゆ好き、お米好きな私のために、作ってくれたそうです。盛りつけ方も完璧だし、どうしてこんなに料理がうまいのだろうとあらためて聞いてみたら、64歳のときに、趣味が高じてシェフの資格をとったと、恥ずかしそうに初めて教えてくれました。

彼女の料理のどこがすばらしいかというと、食べる人のために体に気を使ってなおかつおいしく、メアリーならではのちょっとした工夫が随所にあり、食べて感動、レシピーを聞いてなおさらに感心！ というもの。また、油や調味料を最小限にしか使わないのも、私が彼女の味を好きなポイントだ、ということも、今回いろいろ食べてみてわかりました。

いずれの食事にしても、私をもてなそうという十分な気遣いをいただき、ありがたいと同時に、たいへんな感謝、感激でした。

1 おもてなし料理の数々。リストで紹介した以外にも、トマトサラダや生野菜のサラダなど、何人分なんだろう？ と思うほど、いろいろ用意してくれました。
2 メアリーの家の中庭。中央の鳥小屋にはいろいろな鳥が来るようにと、数種類のえさが置かれています。主にフランクが、その鳥たちの鳴き声をたのしんでいます。ここ以外にもベジタブルガーデンや果樹園など、ふたりきりで世話をしているとは思えないほどの広さ。
3 メアリーがパン細工で作った壁掛け。
4 メアリーの本棚には、料理本がたくさんありました。
5 キッチン脇の庭に面した外壁には、いろいろな保存食料がつるされています。

2

3

4

COOKBOOK
ELIZABETH DAVID
CATERING
THE WOMEN'S INSTITUTES BOOK OF 650 FAVOURITE RECIPES
COOKERY
Kinton & Foskett
Practical COOKERY
Ceserani & Kinton
FARMHOUSE COOKERY
The Complete Farmhouse Kitchen Cookbook
potatoes
Harumi Kurihara
BOOK
5

Hereford
Mary's Friends

メアリー友人宅でのディナー

ヘレフォードですごした3日間のうち、メアリーのお友達のご夫妻のおうちにお呼ばれをしました。近所にお住まいのジューン＆チャズ夫妻。農業をなさっているそうで、中に入ると、典型的なファームハウス。キッチンの中心には、アンティークなオーブンがありました。イギリスの古い農家の台所で、よく使われていたものです。100年くらい前のイギリスでは、このオーブンひとつが暖房であり、調理器具であったそうです。そのオーブンで作られた、見事なローストビーフと、すばらしいつけあわせのローカルな野菜たちが並びました。

ジューンさんは、お料理上手な奥さんとして、この村でも有名だそうで、朝から準備してくださったとのこと。つけあわせのごはんのキャベツ包みは、とても手がこんでいて、さぞや時間がかかったことでしょう。日本人だからお米が好きだろうと、今回初めて作ってくださったそうです。デザートも3種出てきました！　メインディッシュだけで、ものすご〜〜〜くおなかいっぱいだったのですが、そのうちの2種、バター＆ブレッドプディングと、スコーンの生地をパイ皮のように使った、コブラーをいただきました。コブラーは初めて、プディングはメアリーの作ったものとはまた違い、濃厚な味わいでした。

家庭料理は家によって味つけが違うとよくいいますが、パブや私の友人たちが作る味とはまた違う、本当のファームハウスの家庭の味をたのしませてもらいました。

1 ジューン＆チャズ宅の番犬、遊び好きなジャックラッセルのベンです。
2 見事にふくらんだ、ヨークシャー・プディング。ローストビーフに欠かせないもの。
3 ローストビーフの皿。白いホースラディシュのソースをつけて食べます。手前右がジューンの苦心作のキャベツ。
4 バター＆ブレッドプディング。パンの下の層が、濃厚なカスタードプリンのようになっていました。
5 ジューン＆チャズ夫妻。ご自宅の前にて。
6 つけあわせの野菜たち。ローストされたじゃがいもが、ほんとうにおいしかった。

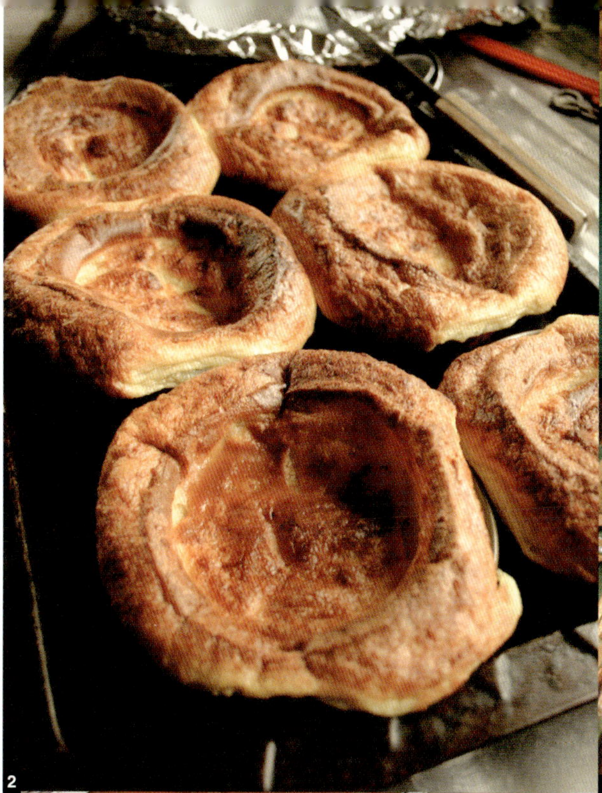

2

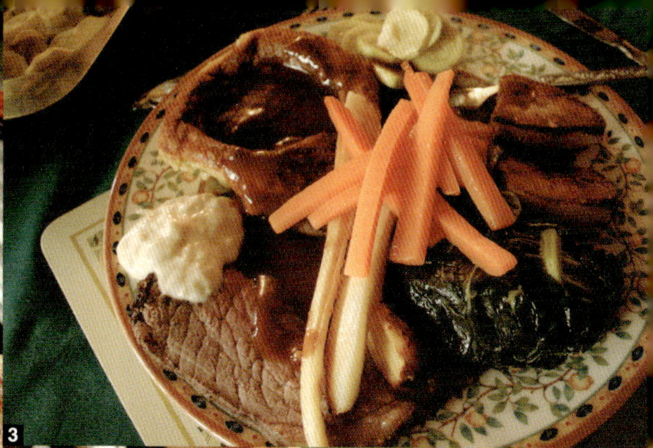

3

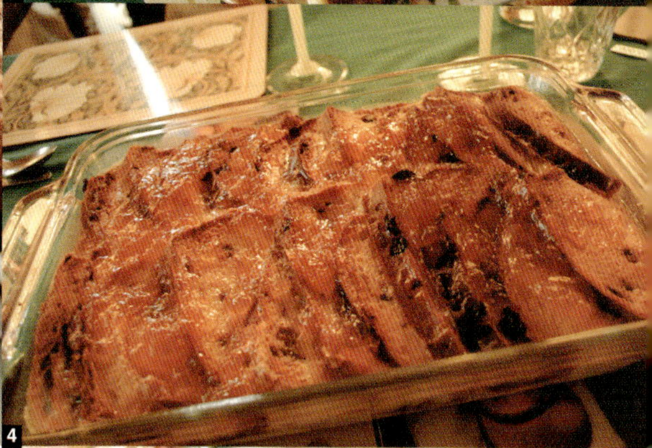

4

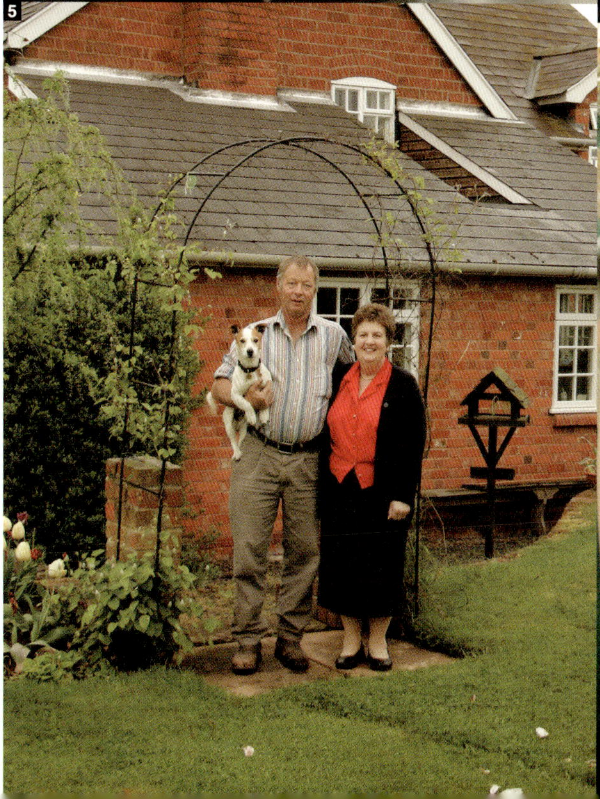

5

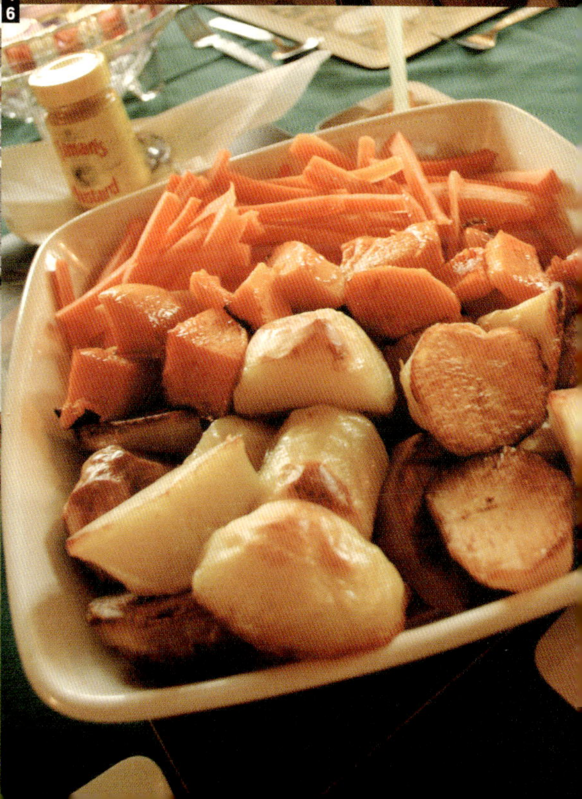

6

Hereford

Tea Rooms Collection

The Orangery Restaurant

オランジェリー・レストラン
広大なお庭を眺めながら

　ヘレフォードを訪ねるたびに、気になっていた建物。それはハンプトンコートに似た建物、ただしミニチュアです。メアリーに聞いてみたら「ロンドンのハンプトンコートと、まるっきり同じつくりなのよ」とのこと。建物には今でもある一族がお住まいだそうで、中に入ることはできませんが、広大なお庭を見学することができます。あいにく私が訪ねたのは雨の日の夕方だったので、あまり庭をたのしむことはできませんでしたが、最近リニューアルされたというオランジェリーで、紅茶をいただきました。オランジェリーとは、ヴィクトリア朝時代、南国から来たレモンやオレンジを育てるために作られた温室のこと。当時はレモンやオレンジがとても高級なものだったので、わざわざ温室を作って大切に育てました。つまりオランジェリーがあるということは、とても贅沢でお金持ちの証拠だったのです。以前そうして使われた温室が、現在ではティールームになっています。あいにくの雨でしたが、ガラス張りで広い庭が見渡せる、贅沢な空間で、メアリーとゆっくりお茶をたのしみました。

1 イギリスでは1人分といえども、たっぷりとお湯が入ったティーポットでサーブしてくれるところが、ほとんど。2杯、3杯と飲むことによって、さらにのんびり&リラックスします。
2 2つのつながったうずまきの上で遊ぶ、子供たち。イギリスの庭には、こうした不思議なものが、よくあります。今年は夏の訪れが、ちょっと遅れているような。雨のせいで、少し肌寒い日でした。
3 ロンドンを思わせるようなモダンな内装の店内。左奥のカウンターには、手作りのケーキなどが置かれていて、そこでメニューを直接選び、注文します。
4 アップルウォルナットケーキは、あまり甘くないパウンドケーキでした。ホームメイドだそうで、少ししっとりしています。紅茶はアールグレイ。私はアールグレイにもミルクを入れ、やや香りをやわらげて飲むのが好きです。ミルクはもちろん冷たいものを。

Data
Hampton Court Gardens Near Hope Under Dinmore, Leominster, Herefordshire HR6 0PN
Tel: 01568 797777
火曜〜日曜・祝日11:00-17:00
月曜・11月〜グッドフライデー（3月中旬〜4月中旬のいずれかの金曜）まで
www.hamptoncourt.org.uk

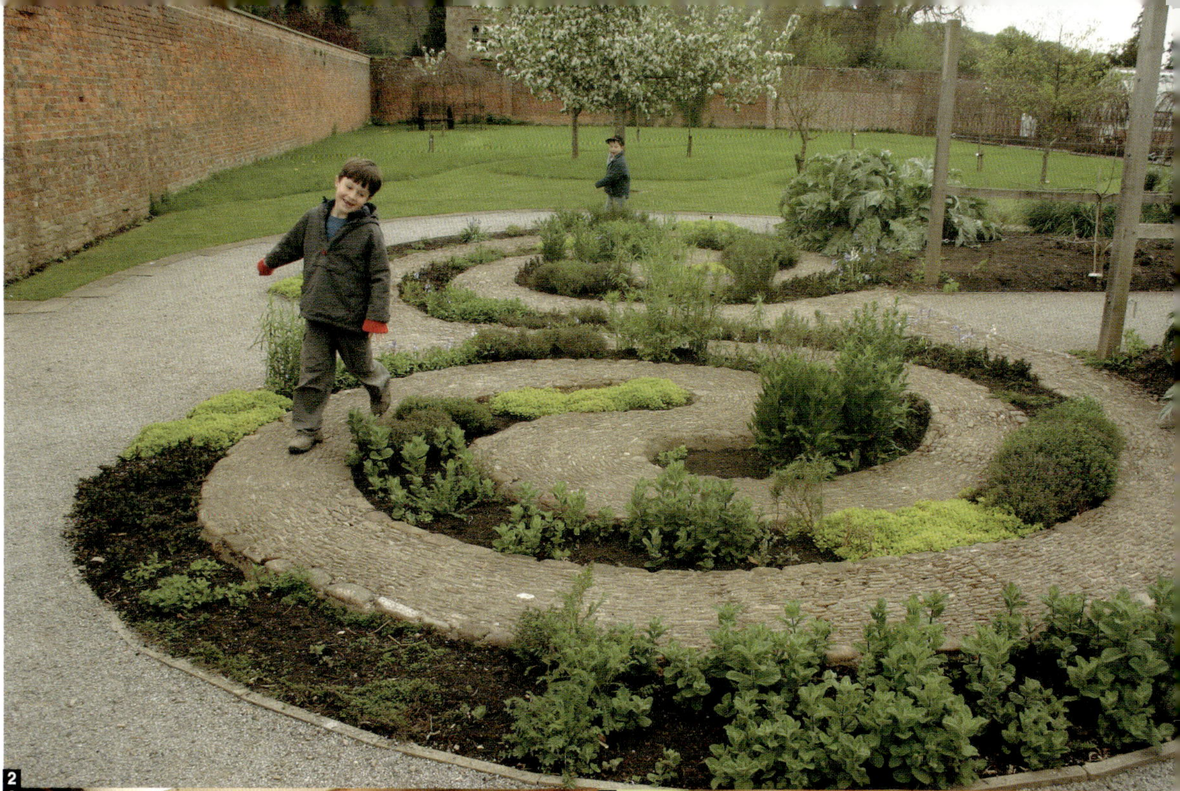

2

3

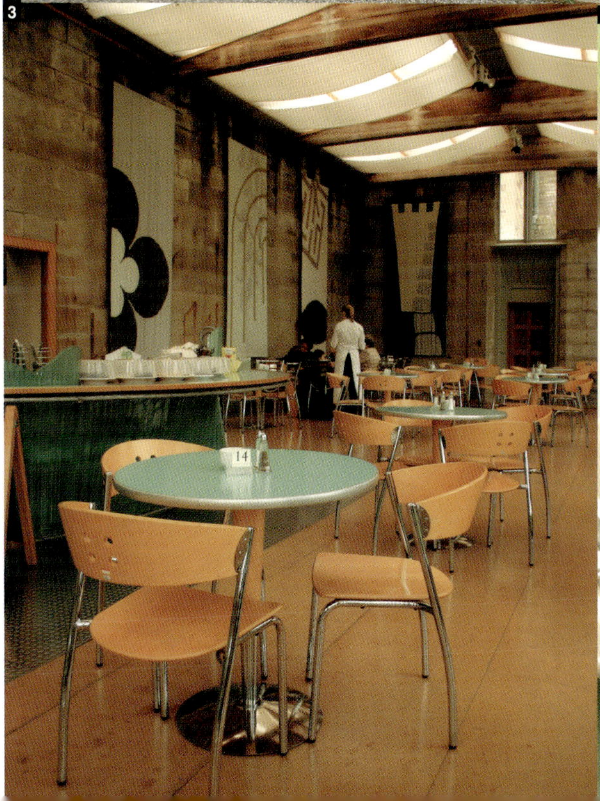

4

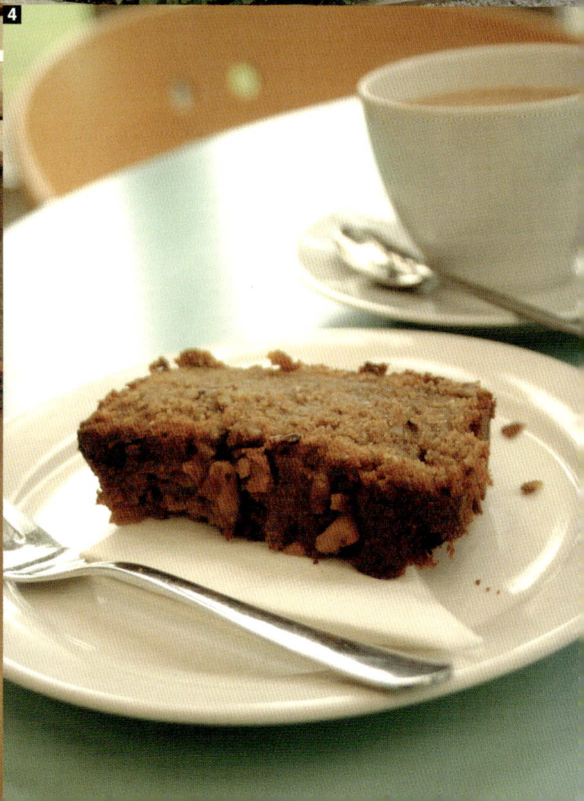

Hereford

Tea Rooms Collection

The Old Merchant's House

ジ・オールド・マーチャントハウス
懐かしい、小さな商店街の一角に

　今やイギリスも日本と同じように、カントリーサイドといえども、町はずれに大きなショッピングセンターやスーパーマーケットができ、町の中心部にある小さな店が連なる商店街が、さびれつつあります。
　けれどヘレフォードシャーにあるレムスターは、懐かしいイギリスの商店街が、今でも残されている町です。雑貨屋、薬屋、パン屋、アンティークショップ、そうした商店が続く通りの一角に、このティーハウスがあります。有名なお店ではありませんが、近所の人々が日常に訪ねる、そんな心地よい雰囲気のあるお店、それがマーチャントハウスです。
　1階がティーハウス、2階がアンティークセンターという、イギリスにはよくある組み合わせのお店は、1階にもアンティークがいろいろと飾られています。サーブしてくれる茶器も、オールドファッションスタイル。クリームティーという、紅茶とスコーンのセットをいただきました。お店の人がとても感じがよくて、私もこの町に住んでいるような、そんな気分になりました。

1 お店の外にある看板には、本日のおすすめなどが書かれています。
2 レムスターの町中でもかなり古く、由緒ある建物だったようです。
3 店内には、ちらほらとお客さんがいました。時間はちょうどアフタヌーンティーの午後3時くらい。
4 中世の建物である白いしっくいとティンバーの部分と、レンガづくりの建物が合体している、おもしろいつくり。入り口は、レンガ部分から。
5 クリームティーのセット。素朴なイギリスの味に、ほっとします。

Data
10, Corn Square, Leominster,
Herefordshire HR6 8LR
Tel: 01568 616141
月曜〜水曜・土曜10:00-17:00
木曜・金曜10:00-16:00　日曜休

3

Closed

4

ANTIQUES CENTRE
& TEA ROOMS
TEAROOM
Antiques,
Collectables,
& Bric-A-Brac
Victorian Tearooms

5

1 以前サイダー工場だったという店内には、りんごをしぼった機械が残されていて、そのなごりがあります。
2 春になると一斉に咲くラッパすいせんが終わり、今はチューリップが咲いています。今年はバラには、まだちょっと早かったようです。

Column-1　　　　　　　　　　　　　Hereford

イギリスのワイナリー、ブロードフィールドコート

かつてイギリスで飲むワインといえば、フランス産がほとんど。それに大多数がビールを飲んでいたので、ワイン好き以外には、あまり飲まれていませんでした。けれど最近ビールを飲む人が減り、パブが少なくなり始めたころ、ワインバーなるものができて、ちょっとしたおつまみとワインを飲むのが流行り、現在ではパブでもワインがよく飲まれるようになりました。

　イギリス産のワインは以前からあったのですが、ドイツの白ワインをお手本にしたそうで、どちらかというと少し甘め。生産量も少なく、南東部ケントなどの産地へ行ったときのおみやげとして買う程度。しかしここ数年、地球温暖化の影響で、イギリスでも夏、30度を超す気温になることも。そのため、ワインに適したぶどうの発育がよくなり、質のよいワインができるようになったそうです。

　昨年、メアリーに誘われて、ヘレフォードのワイナリー「ブロードフィールド」を訪れて以来、私はイギリスワインのファンになりました。フルーティなのに甘すぎないところが、イギリスのランチにぴったりです。またロゼですらややドライ、生産本数が少ないスパークリングワインもおすすめです。

　ブロードフィールドコートは、1970年にワイナリーを始めたそうです。最初から生産量は多くなかったのですが、ぶどうが多くとれるようになった今でも量よりも質を大切にし、現在は年間2万本ほどの生産量だとか。ここの建物の歴史は古く、中世のベネディクト派の修道院跡だったそうです。現在の持ち主であるアレクサンドラが農家から買ったときには荒れていて、昔の雰囲気に戻すためにかなり修復したとのこと。広大なお庭には、バラで有名なデイヴィッド・オースティンのローズガーデンがあり、さまざまな種類のバラが、春と秋のシーズンに咲いています。日本では信じられない安さで、そのバラの苗も販売しています。

　ワイナリーではテイスティングなどもできますが、おすすめはランチです。アレクサンドラがヨーロッパ中を食べ歩いた結果、
「イギリスにもおいしいものがあるじゃない！」
　と、メニューはあえて品数を減らして、ベジタブルガーデンの朝摘みの野菜を使った、ローカルフードにこだわっています。私の大好きなフィッシュケーキとサラダのプレートは、ここのさわやかな白ワインとぴったり。お値段も安いので、近所の人々で連日、大盛況。週末はガーデンでウエディング・パーティなども、よく行われるそうです。

ブロードフィールドコート
ガーデン＆ヴィンヤード

Broadfield Court Garden & Vineyard

Bowley Lane, Bodenham,
Herefordshire HR1 3LG
Tel:01568 797918（カフェ）
10:00-16:30　（ランチは12:00-14:00）
www.broadfieldcourt.co.uk/

手前が私のお気に入り、フィッシュケーキです。サーモンとマッシュポテトを合わせて、焼いてあります。朝摘みのサラダとともに。奥はスピナッチ・ロールとタパスの盛り合わせ。いずれもここのワインとよく合います。

Broadfield Court

1 ワイン畑。庭も広いのですが、畑も広大です。
2 昔はこの庭で、豚の競売をしていたそうです。今ではバラの苗などを売っています。
3 何度も賞をとっているという、このお庭のガーデナー。彼女の作業小屋にて、ちょっとお話を伺いました。
4 ここでは3種類の白ワイン、1種類の赤ワインとスパークリングワインがつくられています。

Hereford

Column-2

「ティレル」の
クリスプス工場を見学

　イギリスでもっとも食べられているもの、それは主食ともいえる、じゃがいも。日本ではつけあわせ野菜のひとつですが、イギリスでは日本のお米にもあたる存在。もともとイギリスは岩盤が地層の浅い部分にあり、やせた土地が多く、ほかの野菜はできにくいけれど、じゃがいもはよく育つそうです。アイルランドでは18世紀にじゃがいもの不作で飢饉が起こり、そのため多くのアイルランド人が、新大陸アメリカへと渡っていきました。

　そのじゃがいもを使ったスナック、クリスプス。日本ではポテトチップスといいますが、イギリスであるときはごはんがわり、またあるときはおやつ、夜はパブでつまみがわりに、老いも若きにも欠かせないものです。スーパーマーケットでは、巨大な大袋が家庭常備用に売られています。

　私もイギリスへ行ったときは必ず食べるのですが、あるとき、とてつもなくおいしい逸品を発見。その名も「ティレル」。ハンドフライという今どきめずらしいクラシックなスタイルで、ちょっと厚めにスライスされていて、じゃがいも本来の味がします。一般的なスーパーや商店などには売っていないので、みつけたら買い占める、という日々が続きました。

　ある日、ヘレフォードでメアリーと地元のパブに入ったら、ティレルの広告がありました。そのときにメアリーからティレルが、ヘレフォード産であることを聞いてびっくり。これはヘレフォードに来たときに一度訪問せねばならない、とアポイントをとって出かけました。

　訪ねてみると、私は地元の農家の人が細々とやっているようなイメージだったんですが、大違い。昨年建てられたという立派な社屋と工場を案内していただきました。

　ティレルの最初は、じゃがいも農家だったオーナーが、なかなか農業だけで暮らしていくのは厳しい、とれたものを加工することができないか？　と考えたそうです。イギリス人は産地にこだわるので、クリスプスに適したヘレフォード産のおいしいじゃがいもを作り、国内産のサンフラワーオイルを使い、朝とって昼にはクリスプスになるそうです。パッケージにもこだわり、ローカルな昔の写真を使っています。販売先もどこでも、というわけではなく、ファームショップや高級食料品店などに限定しました。それが現在のイギリスのグルメブーム、ファームショップ・ブームなどとあいまって急成長したそうです。

　ここのクリスプスのユニークなのが、フレーバーです。ヘレフォードシャーのサイダーやローカルソーセージを組み合わせたり、タイカレー味があったり。夏は限定でアスパラガス風味を発売したりと、イギリスへ行くたびに新味が出ているので、目が離せません。またポテ以外にも私の大好きな野菜、パースニップ（白にんじん。生食はしないが、ローストすると独特の甘みがある）のクリスプスもおすすめです。お話をいろいろ伺ったあと、クリスプスのおみやげを大量にいただき、喜びいっぱいで帰りました。

ティレル ポテトチップス
Tyrrells Potato Chips
Tyrrells Court
Stretford Bridge, Leominster,
Herefordshire HR6 9DQ
www.tyrrellspotatochips.co.uk

1 おみやげにもらった、箱いっぱいのティレルたち。
2 揚げたポテトは1袋分ずつ、詰められていきます。
3 私の好きなパースニップのクリスプスのパッケージ。
4 ファームショップで売られていたティレル。アルミパックでないので、賞味期限が短く、日本で販売するのは難しいそうです。

1

Hand Fried Vegetable Chips
The Artisan Delicacy
Tyrrells
Tyrrells
Tyrrells
POTATO CHIPS
FRAGILE

2

3

Herefordshire
Tyrrells
The Artisan Delicacy

4

Tyrrells
Tyrrells
Tyrrell's Crisps
65p.

DIEU ET MON DROIT
G O
www.mango.com
Neal Street
Regent Street
Oxford Street
Kensington High Street
Bluewater Shopping Centre
TRANSDEV

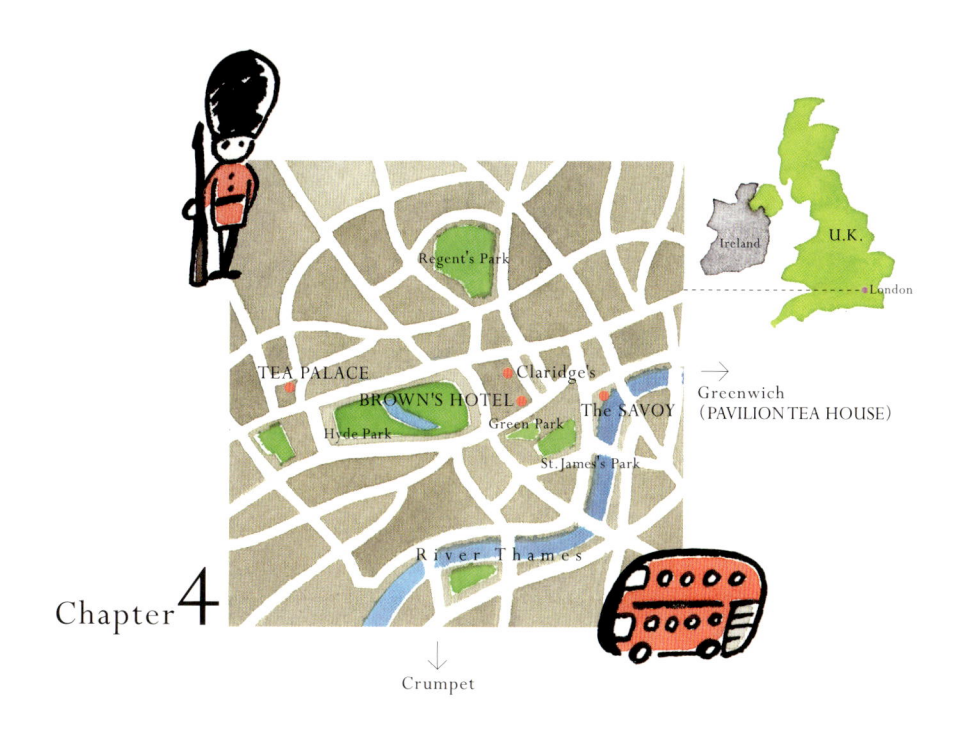

Chapter 4

London
ロンドン

老舗ホテルでいただくアフタヌーンティーと

新しいスタイルのティーハウスでたのしむお茶。

旅の最終地点ロンドンでは、

古くて新しいお茶の世界を探検します。

有名ホテルのアフタヌーンティーと
新しいタイプのティーハウスへ

Chapter4 / London

　この旅の終わりは、ロンドン。かつて私が暮らした町です。あれから16年もたってしまいましたが、この町はそのときとまったく変わらぬところと、大きく変わったところがあります。今私が住み暮らす東京よりも小さな町なのですが、イギリスのカントリーサイドから戻ってきたら、とてつもなく大都会に感じます。しかしあいかわらず、観光客が多いようなので、私のようなツーリストがウロウロしていても大丈夫。最後に見なれた町で、新しいお茶めぐりをしてみました。

アフタヌーンティーが流行中!?

　ロンドンでお茶を、といえば伝統あるホテルでのアフタヌーンティーが、とてつもなく有名です。けれど私は、今まで一度も行ったことがありません。住んでいたころは学生の身分、そんなところへ行くなんて考えたこともありませんでしたし、貧乏だったから着ていく服も持っていませんでした。ロンドンへよく行くようになった最近でも、仕事に追われて、ティータイムをたのしむような時間がありません。
　ならば仕事として行ってしまえ！　と、ロンドン通、紅茶通の友人たちにあれこれおすすめを聞いて、今回いくつか訪ねてみました。
　アフタヌーンティーはヴィクトリア朝時代に流行したものだそうで、そのころは1日2食だったのを夕食までもたないため、簡単な軽食を、というのが始まり。それが実利ではなく優雅にたのしむ、ということになったのは、考えたのが公爵夫人だったからかもしれません。貴族たちが優雅にたのしむ時間、それがアフタヌーン・ティータイムでした。そう考えると、ホテルは私たちがにわか貴族になるには、ぴったりの場所。臨時の召使いのように、ウエイターやウエイトレスにケーキやお茶を運ばせて、ひととき優雅にすごすことができます。

1「ティーパレス」で出してくれた、おすすめのお茶。最近のロンドンでは「ホワイトティー」と呼ばれる、ストレートの中国茶などをよくすすめられます。上の黄色っぽいのがその高級茶「ジャスミン・シルバーニードル」。ほかは左から反時計回りにアールグレイ、ストロベリー&ラズベリー、パイナップル&パッションフルーツのフレーバーティー。

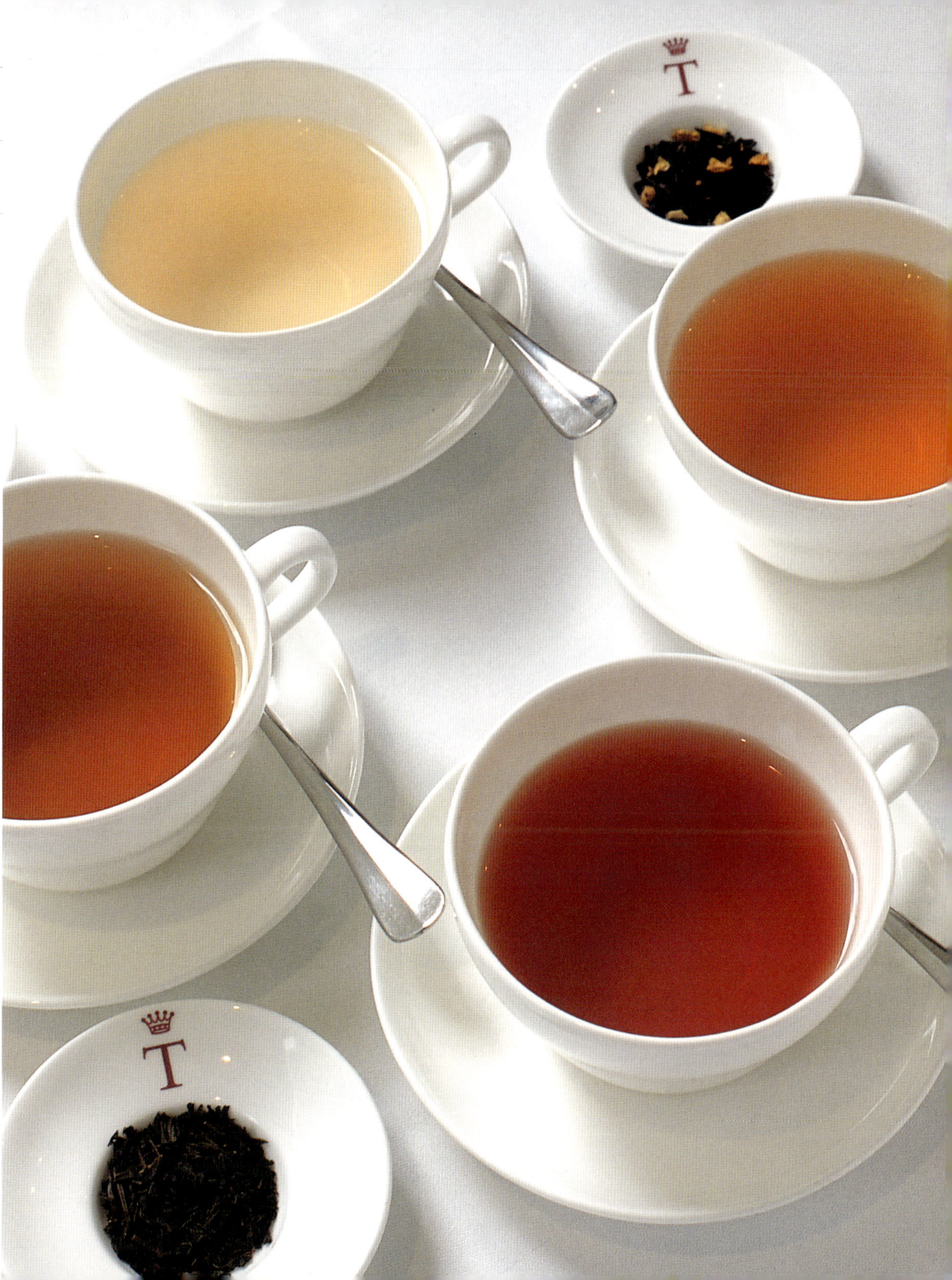

London
BROWN'S HOTEL

今回いろいろなホテルのアフタヌーンティーへ行ってみて、いちばん気に入ったのは「ブラウンズ」。やっと改装が終わり、2005年12月12日にリニューアル・オープンしたところ（しかし内装は以前とまったく同じだとか）。サービスが丁寧で上品。けれど押しつけがましくないところに、好感が持てました。来ているお客さんも、グリーンパーク近く、裏はボンド・ストリートという高級エリアのせいでしょうか、年齢層の高いカップルが目立ちました。もちろん大人気でこみ合っているのですが、それでもざわついた感じがなく、それぞれがそれぞれのテーブルでたのしくティータイムをすごしている雰囲気。かつてチャーチル首相もお気に入りでよくいらしていたそうで、いまやどこのホテルにもある「シャンパン・アフタヌーンティー」というメニューは、シャンパン好きの彼がここで始めたものでは？　という説もあるとか。

気になっていたドレスコードも、ブラウンズでは男性はジャケットとネクタイを着用ということはなく、ジーンズやスニーカーなどでも、おしゃれできれいなものであればOKとのことです。

さて、私はこれらホテルのアフタヌーンティーには、観光客しか訪れないもの、という先入観がありました。というのもイギリス人は常日ごろの食事は意外と質素で、紅茶とお菓子に約30ポンドもかける人はいないだろうと思っていたので。ロンドンの安いレストランなら、ワインつきのディナーが食べられる値段です。けれどアフタヌーンティーに訪れるお客さんたちを見ていると、もちろん日本人を含む観光客の方もいらっしゃいますが、イギリス人も多いのに驚きました。それをブラウンズの広報・ヴィクトリアさんにおたずねしてみると、

「今、イギリス人のカップルや若い人たちの間で、アフタヌーンティーが流行しているんです。ビジネスシーンに男性同士でも使われていて、お酒を飲みながら夜遅くまで話すよりも、午後のあいた時間にお茶を飲みながらゆっくりと、ということなのでしょう。もちろんお茶が健康によい、ということもあるのかもしれません」。

てっきり私は日本人で埋め尽くされている、と思い込んでいました。それはもう、過去のことなのでしょう。そして以前考えていたよりも、ドレスコードなどもあまり気にせずにたのしめる雰囲気なのでした。

1 ブラウンズのティーリスト。実際の茶葉とその説明がついています。
2 ブラウンズのシャンパン・アフタヌーンティーのセット。ケーキスタンドは純銀製、食器はすべてオリジナル、ケーキは食べ放題、お茶もさめたころに、新しいものを持ってきてくれるという、パーフェクトなサービス。スコーンは小さめでちょっとパンっぽい、軽い食べ口。ケーキも甘さ抑えめで、全体的に軽め。人気なので、週末はとくに予約を入れたほうがいいそうです。

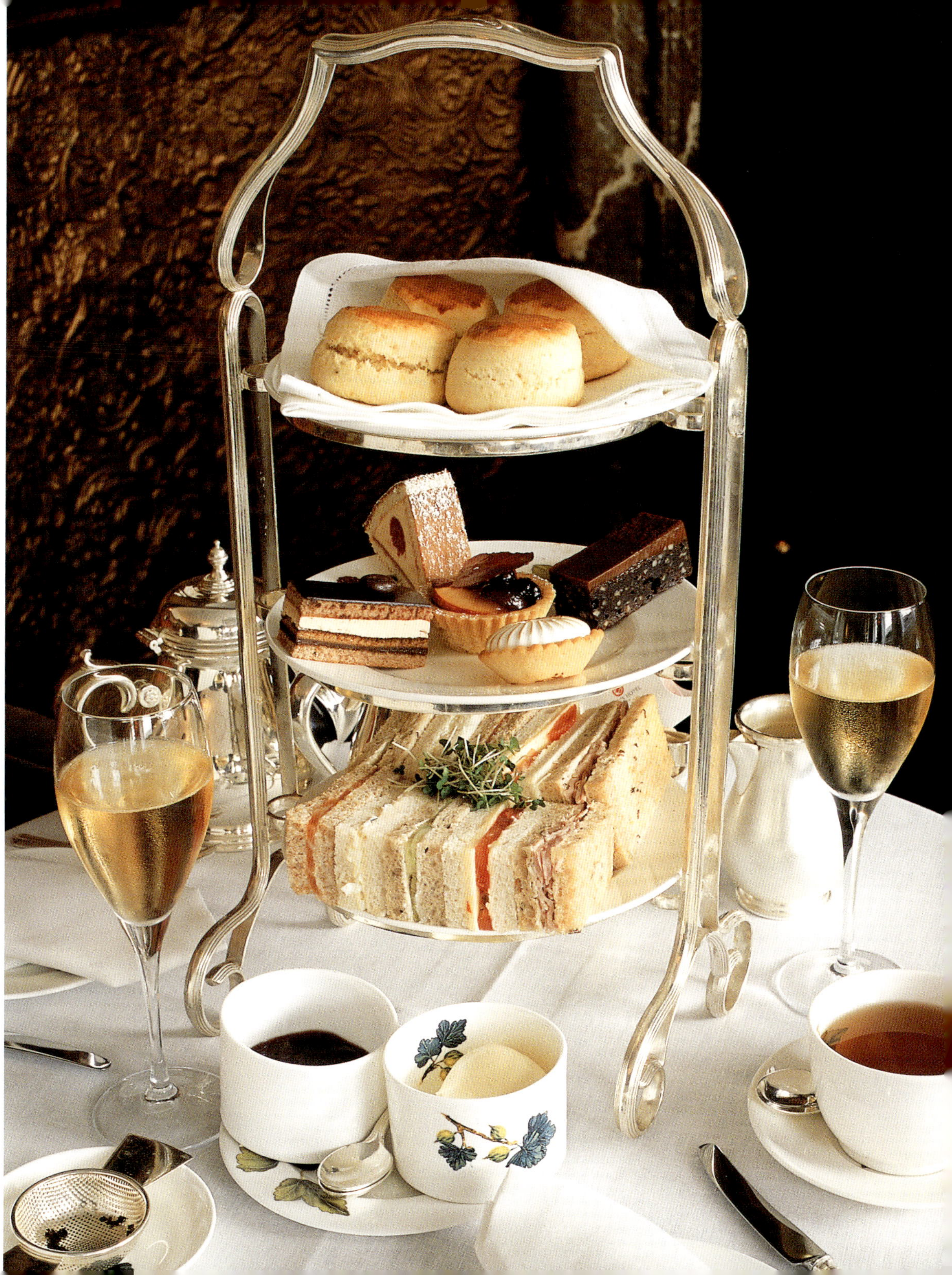

London
TEA PALACE

新しいタイプのティーハウスも出現

　ロンドンでは伝統的な「ホテルでのアフタヌーンティー」も活気づいているようですが、トレンドな街でも新しいタイプのティーハウスができ始めています。その代表ともいえるのが、「ティーパレス」。映画『ノッティングヒルの恋人』で一躍有名になった、ロンドン西部のおしゃれなエリアにあります。ここは日本人の私たちが考えるティーハウス、しかしイギリスには今までなかったタイプのティーハウスだと思いました。その例としては、紅茶の種類。お茶大国である日本では、紅茶専門店といえばさまざまなお茶を用意してあって、選ぶのに困るほどの豊富な種類が当たり前ですが、イギリス人がブレンドティー以外の紅茶を好み始めたのは、ここ数年のこと。それでも今まではハーブティーを含めてもせいぜい10種類前後。このお店のように165種類も揃えているというのは、とてもめずらしい。そしてお茶の種類によって、いれる時間とお湯の温度にこだわっています。サーブしてくれたサイモンが、留守中のオーナーにかわって、話を聞かせてくれました。

　こうした新旧のいずれの紅茶にも活気が出てきたことは、イギリスのグルメブームが大きく反映しているのでしょうか？　博物館や美術館、公園にあったキャンティーンのようなところも見直され、新しいスタイルのティーハウスなどが登場しています。一方そうしたお店はチェーン展開などのため、以前よりお茶代が高いのにサービスが悪い、などの問題が一部出始めているようです。

　しかし今ロンドンに住んでいる人々が、ライフスタイルの多様化に合わせて、便利にたのしくお茶を飲みたいと、こうしたいろいろなお店ができ、ホテルのアフタヌーンティーとともに栄えているということは、紅茶にとって好ましい環境かと思います。数年前のコーヒーチェーンに押されていたロンドンの街並みを考えると、ナショナルドリンクであった紅茶が、その地位をとり戻しつつあるのかな〜、そして私は有名ホテルでのアフタヌーンティーにもものおじせずに、たのしくすごす年齢を迎えたのだな〜、なんてことを、旅の終わりにうすぼんやりと考えてみたのでした。

1 ティーパレスでは、お茶が濃くなりすぎないように、サーブするポットとは別のポットでお茶をいれます。
2 おしゃれなエリア、ウエストボーン・グローブ。土曜日には近くでアンティーク・マーケットなどがあります。

WESTBOURNE
GROVE MEWS
W.11.
APT
T
TEA PALACE
TO LET
orme retail
020 7499 0440
anna
bonas

London
Tea Rooms Collection

The SAVOY

ザ サヴォイ
アールデコ様式とティーミュージックを

1 テーブルに添えられたバラ。イギリスの国花であり、6月はバラの月なのです。
2 サヴォイのイニシャルが入ったナプキン。由緒あるホテルですが、服装はカジュアル・スマートでOKとのこと。
3 銀のケーキスタンドにのせられた、スコーンなど。これで2人分です。アフタヌーンティーは入れ替え制なので、予約が望ましいそうです。

アールデコ好きの私としては、憧れのホテル「サヴォイ」。内装はもしかしたら2007年にリニューアルされるかもしれないとのことでしたが、できる限りこの、幾何学模様たちを残してもらいたいものです。伝統のアフタヌーンティーといえば、音楽が欠かせないもの。グランドピアノが中央にあるティーサロンは、思ったよりも家族連れなどが多く、カジュアルな雰囲気でした。スープや温かいデザートが出るメニューも夕方から加わるそうです。

Data
The Strand, London WC2R 0EU
Tel: 020 7836 4343
月曜〜金曜14:00、16:00　土・日曜12:00、14:00、16:00（2時間おきの入れ替え制）
www.fairmont.com/savoy

London
Tea Rooms Collection

BROWN'S HOTEL

ブラウンズ　イングリッシュ・ティールーム
ピンクシャンパン・アフタヌーンティーも

1 アフタヌーンティーのメニューには、このシャンパンつきのほかに、トラディショナル、ピンク・シャンパンがつくセットもあります。
2 アフタヌーンティーをいただく、イングリッシュ・ティールーム。けして広くはありませんが、優雅なひとときがすごせる内装です。
3 1837年に創業、イギリスで初めて、電気式のエレベーターや電話がつけられたそうです。アガサ・クリスティーが、このホテルを舞台にした小説も書いています。

こでいすに腰かけたら、まず動いてはいけません。ウエイターがうやうやしく、ティーナプキンをひざにかけてくれます。辛口で、私好みなシャンパンを飲みながら選んだお茶は、「ブラウンズ・アフタヌーンティー」というオリジナルブレンド。1杯目はストレートで、2杯目にミルクを入れてと、両方のしめるお味。セイロンを中心に、ダージリンが入っているからでしょうか。ケーキのおかわりは、トロリーに乗って運ばれてきます。

Data
Albemarle Street, Mayfair,
London W1S 4BP
Tel:020 7493 6020
月曜～金曜15:00-18:00
土・日曜14:00-18:00
www.roccofortehotels.com

London
Tea Rooms Collection

Claridge's

クラリッジズ　ザ・リーディングルーム
2006年ティーアワードを受賞

1 独特の形をした、3段のケーキスタンド。すべてがお上品な小さめサイズなので、最後までおいしく全部食べられます。お茶は30種類あり。
2 スーシェフのシリルが大勢のスタッフと作り出すお菓子は、フレンチ・テイストも。
3 レーズンとアップルが入ったスコーンは、やや小ぶり。ついてくるのは、デヴォンシャークリーム。いずれも軽めで相性がいいです。
4 数々のスウィーツを作るために、厨房には多くの機材が。ここで教室も行われています。

　まずは、地下にある厨房を案内してくれました。ペストリー部門のスーシェフ、シリルが多くのパティシエを仕切り、次々とケーキを作り出していきます。「その日もっともおいしい材料を使うため、日替わりになる」というケーキ類は、ふつう焼き菓子中心のメニューになりがちなのに、ティラミスなどの冷たいデザートも加わり、繊細で優雅です。お茶の種類も豊富で、2006年のトップ・ロンドン・アフタヌーンティー・アワードをとったのも納得の味です。

Data
Brook Street, Mayfair,
London W1K 4HR
Tel: 020 7629 8860
15:00-17:30
www.claridges.co.uk

London
Tea Rooms Collection

TEA PALACE

ティーパレス
4週間前から予約が入る、人気店

1 サイモンです。彼は以前、ニュージーランドのカフェで働いていたそうです。親切なサービスと心遣いをしてくれました。
2 ショップスペース。オリジナルの紫色の缶で統一されています。奥のカウンターでは、その日おすすめのお茶が2種類、試飲できます。茶葉以外にも、紅茶関係の雑貨も販売しています。
3 手前の紫色をしたマジパン・プチケーキが極甘！ でもこれくらいが、イギリスのノーマルな甘さ。食べくらべてみると、おもしろい。

イギリスではこうした、ティールームとオリジナルティーを量り売りするコーナーが一緒にある路面店、というのが今までほとんどなかったので、画期的ともいえるお店です。午後3時からメニューに加わるアフタヌーンティーのセットは、ほんとうに指ほどの細さのフィンガーサンドイッチ、ミルキィなクロテッドクリームとややビスケット状のスコーン、レモンタルト、バニラムースなどのケーキ類などがすべておいしく、サービスもすばらしいものでした。

Data
175 Westbourne Grove,
London W11 2SB
Tel:020 7727 2600
月曜〜日曜10:00-19:00
www.teapalace.co.uk

London
Tea Rooms Collection

PAVILION TEA HOUSE

パビリオン ティーハウス
ロンドン郊外のガーデンカフェ

1「グリニッジパーク」という大きな公園の中にあります。近所に住んでいたら、散歩のついでにちょっと寄って休憩するのにぴったりなお店。
2 スコーンはすでに、ジャムとホイップクリームがはさんでありました。カップが、ティーなのにマグ＆ソーサーというセットはめずらしいです。
3 パビリオンの内部。キャッシュオンのシステム。
4 5月のこの時季、夕暮れはだいたい8時すぎなのですが、この日は雨だったので早めに暮れていきました。

グリニッジという、テムズ河沿いの町の大きな公園内にあるティーハウスです。最近ロンドンの公園にあるキャンティーンなどが、「ガーデンカフェ」として、リニューアルオープンされています。ここもそうしたカフェのひとつで、簡単かつカジュアルにお茶とスコーンなどを楽しむことができます。ティータイム・メニューは午後3時半から。最近のトレンドらしく、紅茶はオーガニック紅茶のメジャーブランド、クリッパーズでした。

Data
Greenwich Park, London
SE10 8QY
Tel:020 8858 9695
9:00から日暮れまで

London Tea Rooms Collection

Crumpet

クランペット
子供連れで気持ちよくお茶を

「子供連れにやさしいお店」として賞もとっています。子供用メニューなども豊富。

クランペットはポツポツと穴が開いているのが特徴。バターをたっぷりにはちみつやジャムを塗って食べます。

クラブハウスサンドイッチやサラダなど、いずれも安くて、おいしい。このあたりも、最近流行のエリアです。

店名に惹かれて訪ねてみると、お客さんはすべて赤ちゃん連れのお母さんか、妊婦さんでした。オーナーが子供を育てていたときに、子連れで気持ちよくお茶を飲むことができるところがなかったので、このお店を作ったそうです。ちなみにクランペットとは、マフィンに似たイギリス独特の食べ物で、私の大好物。朝食やおやつに食べます。お茶との相性もいいし、なによりこのひびきがあったかくて好き、ということで店名になったそうです。

Data
66 Northcote Road, London SW11 6QL
Tel:020 7924 1117
月曜〜土曜9:00-18:00
日曜10:00-18:00

1

TWININGS
apostrophe
TWININGS

2

Sam Twining
über die Kunst,
Tee zu kochen.
TWININGS
de Londres – 1706
TWININGS
TWININGS
BLACKCURRANT
A BLEND OF TWO

3

Column-1

London

生誕300周年のナショナルブランド トワイニング

地方のティーハウスやロンドンのホテル、B&Bに泊まったときに出てくる紅茶といえば、まずトワイニング。ナショナルブランドといっても、言いすぎではないでしょう。

トワイニングは1706年に、コーヒーハウス「トムの店」を出したのが、始まりだそうです。その後現在の場所でお茶の専門店「ゴールデンライオン」を開店、そのころお茶はとても高価なもので、上流階級や王侯貴族に飲まれていました。今のようにだれでもが飲むようになったのは、4代当主、リチャードがお茶の減税を政府に進言し、富裕階層で流行していたお茶を、庶民でも買うことができる値段にしたからだそうです。

さて現在のご当主、10代目スティーヴン・トワイニングさんを本店に訪ねてみると、繁華街ストランドのどまん中、大きなビルに囲まれた小さなお店がありました。

まずは長年の私の疑問、日本で買うトワイニングと、イギリスで買うトワイニングとでは、茶葉の味が違うように思うんですが？

「イギリスは硬水、日本は軟水なので、それに合わせてブレンドするためでしょう」

ここ数年、イギリスでもシアトル系コーヒーに押され、お茶状況はどのように？

「コーヒーは歩きながらでも、簡単に飲むことができます。けれど1杯のお茶は、リラックス、リフレッシュするためのものであり、時間が必要なのです。お茶を飲んでいる間は、時が止まります。今の世の中はとても速く動いているので、そうしたときほど、ティータイムの重要性が見直されるのではないでしょうか？　またコーヒーとお茶は、敵ではありません。コーヒーがおいしくなれば、おいしい紅茶もまた必要になる。お互いに助け合っているのです」

なるほど。コーヒーが流行したからといって、お茶がすたれるというものではないんですね。思い返してみれば、

1 細長い店内には、ずらりとお茶が並んでいます。
2 ビルとビルに挟まれた、小さな入り口。1717年以来、ずっとストランドのこの場所で営業しているそうです。
3 お茶をいただいた奥の部屋は、まるで小さなミュージアムのようになっていました。当時のパッケージや広告などが展示されています。
4 「私は朝、イングリッシュ・ブレックファストなどの濃いものを、時間がたつにつれ、フレーバーティーなどの薄いお茶を飲みます。けれど、お茶はパーソナル・ドリンク。自分でお好みのものを選んで飲むことをおすすめします」と、スティーヴンさん。
5 300周年を記念して限定発売のティー、セレブレーション。

トワイニングの始まりはコーヒーハウスから。最近のコーヒーの流行があっても、売り上げは落ちていないそうで、店内に所狭しと置かれた、各地へ発送する紅茶の数を見ても、それはわかるような気がしました。

ごちそうになったレディ・グレイ（アールグレイ・ベースにオレンジピールやレモンピール、矢車菊がブレンドされているもの）も、最近の私にはアールグレイより好みかもしれないほどおいしく、紅茶をとりまく環境について、貴重なお話を伺うことができ、かつスティーヴンのかもし出す親しみやすいけれど上品な話しぶりに、優雅な時間をすごさせていただきました。

トワイニング
TWININGS
216 The Strand, London WC2R 1AP
Tel:020 7353 3511　9:30-16:30　土・日曜休
www.twinings.co.uk

London　　　　　　　Column-2

イギリス人が、ふつうにお茶を買うところといえば…

1 赤と緑が目印の「PG」。
2 砂糖の棚。日本にはない、いろいろな種類があります。
3 事前に登録しておくと、この機械で簡単に買い物が。
4 かぼちゃ、うり、ビーツなど、野菜コーナー。
5 スーパーマーケットとは思えない、高級地区・ベルグレイヴィア店の外観。
6 スシやテンプラなどの日本食の材料も、最近ではとてもポピュラーになりました。
7 オーガニックが人気です。
8 ベルグレイヴィア店では、チーズや高級ワインの品揃えを充実させているそうです。
9 整然とディスプレイされた、野菜の棚。じゃがいもの種類の多さが目立ちました。

　一般的にイギリス人は、フォートナム＆メイソンやハロッズなどの、私たちがよく知るイギリスのブランド紅茶を飲みません。エリザベス女王が愛飲しているのは、ブルックボンドの廉価版「PG Tips」だし、最近はTetley（テトリー）という銘柄の、マグカップに入りやすい丸いティーバッグも人気です。それらはだいたい80ティーバッグ入りで、1.5ポンドくらい。イギリスでは贅沢品とレストランでの飲食代以外の日常品は意外に安いのですが、お茶はその中でもとびきり安く感じます。

　そうしたお茶を買うのは、スーパーマーケットにて。スーパーの種類もいろいろありますが、私のおすすめは「ウエイトローズ」。ここに来ると、たいていのお茶が手に入ります。最近のお気に入りは象のマークが目印の「ウイリアム＆マゴー」のアールグレイ、トワイニングのイングリッシュ・ブレックファスト、ウエイトローズ・オリジナル商品のダージリン。ハーバルティーでは、テトリーの「ジョリージンジャーミント」も気に入っています。その支店の規模によって、すべてが揃うわけではありませんが、時間のあるときは市内の支店や郊外の大型支店の両方をはしごします。

　1904年に1軒の食料品店から始まったウエイトローズは、イギリスのデパート、ジョンルイスと提携、1955年に最初のスーパーマーケットを始めたそうです。

　正直に言って、ほかのスーパーにくらべたらちょっとお高め、高級スーパーです。支店の数が少ないので、不便でもあります。けれど品質がよいのと、最近自社ブランドに力を入れすぎている他店とくらべると、自社ブランドと他社ブランド、分けへだてが少ない商品の並べ方で、私のようなツーリストでも見やすくて選びやすいです。

ウエイトローズ
Waitrose
27 Motcomb Street, London SW1X 8GG
Tel: 020 7235 4958
月曜〜土曜8:30-21:00　日曜11:00-17:00
www.waitrose.com

小関由美
Yumi Koseki

出版社勤務などを経て、1989年の渡英以来、文筆業のかたわらアンティークビジネス『Bebe's Antiques』も営業中。主な著書に『イングランド――ティーハウスをめぐる旅』『ロンドン――おいしいものを探す旅』(ともに文化出版局)『イギリスでアンティーク雑貨を探す』(JTBパブリッシング)など、英国文化に関する多くの著作を執筆。
www.bebesantiques.com

撮影	竹脇 献
	梅澤 仁(主婦の友社写真室)
イラスト	根岸美帆
デザイン	鈴木恵美
編集デスク	藤岡信代
コーディネーター、ドライバーガイド	木島タイヴァース由美子
協力	ヴァージン アトランティック航空
	(株)ワールドブリッジ
Special thanks to	Wing Commander Frank & Mrs. Mary Whittingham
	Mr. Chs. & Mrs. June Bayliss
	Mr. Norman & Dr. Janet Stevens
	Sam Pearman
	Chris Dee, Gloucestershire Tourism
	Rob Rees
	Paul Tivers

Where to enjoy afternoon tea trail

セレクトBOOKS
イギリスでお茶を
スコーン&クロテッドクリーム&アフタヌーンティー、おいしい旅へ

著　者…小関由美
発行者…村松邦彦
発行所…株式会社主婦の友社
　　　　〒101-8911
　　　　東京都千代田区神田駿河台2-9
　　　　電話(編集)03-5280-7537
　　　　電話(販売)03-5280-7551
印刷所…図書印刷株式会社

©Yumi Koseki 2006 Printed in Japan
ISBN 4-07-250576-5

R (日本複写権センター委託出版物)本書の全部または一部を無断で複写(コピー)することは、著作権法上での例外を除き、禁じられています。本書からの複写を希望する場合は、日本複写権センター(電話03-3401-2382)にご連絡ください。

■ 乱丁本、落丁本はおとりかえします。お買い求めの書店か、資材刊行課(電話03-5280-7590)にご連絡ください。
■ 記事内容に関するお問い合わせは、出版部(電話03-5280-7537)まで。
■ 主婦の友発行の書籍・ムックのご注文、雑誌の定期購読のお申し込みは、お近くの書店か主婦の友コールセンター(電話049-259-1236)まで。
■ 主婦の友ホームページ　http://www.shufunotomo.co.jp/

か-111001